UNDERSTAND YOUR CUSTOMER'S BUYING PROCESS AND MAXIMIZE YOUR SALES

成功销售的完美节奏

洞悉顾客购买进程，实现销售最大化

［美］凯文·戴维斯◎著　张继伟　徐竹青◎译

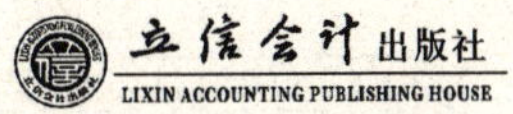
立信会计出版社
LIXIN ACCOUNTING PUBLISHING HOUSE

图书在版编目（CIP）数据

成功销售的完美节奏 /（美）戴维斯著；张继伟，徐竹青译 . —上海：立信会计出版社，2014.6

（工商智库丛书 . 新思维读本）

ISBN 978-7-5429-4207-4

Ⅰ . ①成… Ⅱ . ①戴… ②张…③徐… Ⅲ . ①销售 – 方法 Ⅳ . ① F713.3

中国版本图书馆 CIP 数据核字（2014）第 067257 号

策划编辑 蔡伟莉
责任编辑 蔡伟莉 张 寻
封面设计 水玉银文化

成功销售的完美节奏

出版发行 立信会计出版社
地 址 上海市中山西路 2230 号 邮政编码 200235
电 话（021）64411389 传 真（021）64411325
网 址 www.lixinaph.com 电子邮箱 lxaph@sh163.net
网上书店 www.shlx.net 电 话（021）64411071
经 销 各地新华书店

印 刷 三河市祥达印刷包装有限公司
开 本 710 毫米 ×1000 毫米 1/16
印 张 15
字 数 220 千字
版 次 2014 年 6 月 第 1 版
印 次 2014 年 6 月 第 1 次
书 号 978-7-5429-4207-4/F
定 价 35.00 元

如有印订差错，请与本社联系调换

UNDERSTAND YOUR CUSTOMER'S BUYING PROCESS AND MAXIMIZE YOUR SALES

序

销售经理是出了名的急性子，每次销售会议上，总要大谈“基于时间的竞争”（时基竞争）。他们引经据典：“不是大鱼吃小鱼，而是快的吃掉慢的。”他们每每在白板上勾勒出草图来表示目前的销售渠道状况并催促每个人销售得越快越好。从销售部门总时不时传出“速度第一”的口号。总之，销售经理总是青睐快速营销，但问题是：哪有那么多同样迅速的购买者呢？

而且不幸的是，速度反而常会扼杀销售机会。我见过太多的销售员高速追赶目标客户，结果发现不过是撞到垃圾车的屁股上，一无所获。其实只要稍稍做做功课，他们就能学会如何判别并且找到真正的销售良机。更有甚者，他们“追赶”得是如此的快，以至于一路绝尘，将机会远远地落在后面。

潜在客户总是不紧不慢，不会因为你赶路就随之加快他们前进的步伐。在《成功销售的完美节奏》这本书里，凯文·戴维斯将教你那些放慢销售步伐，反而能提高销售成绩的方法。他提供一种简单的模型，以此判断你的客户处于购买步骤的哪一环，并指导你采取某些办法促进他们进入下一步。这本书里有很多让人印象深刻的推论，不管是对销售员还是他们的管理者来说，本书阅读起来轻松有趣，而且容易付诸实施。

在探讨关系主导型销售的书中，仅有少数几本涉及“如何”去创造与客户持续的关系，凯文·戴维斯则为他的读者揭示了不同阶段的客户需要的不同的关系模型。通过本书提供的一套实用的方法论，可以给读者带来显著的竞争优势。

曾有人将营销比喻成和客户行走在一条协调一致的路上，如果你走得太快，就会丢下客户；反之，如果走得太慢，客户就会落下你。保持一个适度的营销速度是一门艺术，它是一门解读客户，并时刻与每位客户购买过程保持同步的艺术。最适当的营销速度最好由客户需求决定，而本书将帮助你学会如何使营销速度与客户需求相契合。

杰哈德·葛史汪德纳
《销售力》创始人兼出版商

UNDERSTAND YOUR CUSTOMER'S BUYING PROCESS AND MAXIMIZE YOUR SALES

前 言

我们已经习惯了蜂拥前行

若干年前，我曾向一家百人规模公司的CEO推销办公设备解决方案，我按部就班地按照培训学到的步骤来进行销售：先是用和风细雨的谈话来建立信任，通过问题来搞清他的需求，然后把我的方案作为答案提供给他。一切看来都像预料的那样平淡无奇，他突然向前一靠，问道："接下来是不是该结束了？"

为什么这位客户对销售技巧的了解远较销售员对购买行为知晓得更多呢？这是不正常的。**购买应该是决定销售何时何地开始的行为**，因此我们该把"销售"重新定义为"帮助大众购买的行为"。

"帮助大众购买"到底意味着什么呢？HR Chally集团，成立于1973年并获得美国司法部授予的对工作效率（包括销售表现）进行精确评估的许可，曾发表诸多可靠的评估报告，对这一概念很有发言权。在其最新报告中，Chally的工作人员采访超过2 500位客户，获得他们对超过4 000名销售员的看法，结果公布在《Chally世界级销售人才研究报告》中。报告的结论是："客户最认可那些出现在他们购买过程各阶段中的销售员，因为这些人总是在恰当的时间提供正确的信息，满足客户一个又一个需求。想获得销售的胜利，销售员的推销过程一定要完美地与客户的购买过程相匹配，就好比是镜像关系。"

我们同样能从史蒂文·柯维博士的经典著作《高效能人士的七个习惯》中认识到这一点（我打赌你的书架上肯定有这本书）。他是这样阐述的："我们已经习惯了蜂拥前进，急于给问题安排个好的方案。疏于花时间去分析，去第一时间真正、深入地了解问题。"

这个蜂拥前进并且"急于给问题安排个好的方案"的状态常出现在我们的职业生涯中，因为我们已经养成了从销售员角度看问题的思维定式，而我们的销售行为也正是建立在这种思维视角上的。但你的客户却有着不一样的参考依据，他们有自己的观点。

现在，让我来问你：在销售时，你是否像考虑自己的销售过程一样思考客户的购买过程？在他们的购买过程中的每个阶段，你是否都和他们同步？

如果答案是"否"，那也并非是你的错。尽管我们之前早有证据表明很有必要建立一种新的销售模式，但可供销售员学习如何从客户角度深入理解购买决策，如何将销售行为与客户的购买行为相适应的营销书籍和培训课程仍寥寥无几。如果你不能仔细考虑购买过程，你就在与你的客户同步中出局了，而这将导致你失去销售机会。

这就是拙作产生的原因，展示销售过程为什么和怎么去与你的客户群的购买过程保持同步。当你能实现这一目标时，你会发现自己需要在同客户交谈时慢下来，这样才能了解更多问题，帮助客户更好地购买。当你把自己的销售步伐放慢时，就能帮助客户在他们的购买过程中移动更快，实现本书看似矛盾的主题语所要说明的目标：慢一点，卖更快。

与你的客户步调一致

相信如今多数销售员认为自己早已超越了“传统营销”。他们如此自信是因为他们将传统营销定义为“旧式学校”式的高压、蜂拥、“拼命去吸引注意”的老套销售方式。销售员认为自己绝对不“传统”，因为他们有更先进的销售过程，再也不使用控制客户的手法，有更好的建立人际关系的技巧，而且是真的关心自己的客户。

别急，先停下来想想企业决策者当今所面对的压力。变化速度越来越快，各种类型的工作正通过科技结合起来，人们会遇到不同的需求、限制和紧急情况。他们还要面对裁员、重组、科技发展等种种容易使决策者们丢掉饭碗的现实。他们当然在购买中说了算，但绝不允许犯任何错误。这些因素的叠加，使得今天的客户群面临更多的风险和不确定性，同时使得那些潜在购买者要选择慎重的购买过程来避免犯错。

这就是为什么只有关心你的客户，他们才可能给你一个进门的机会，但这不能保证你能获得成功，因为仅凭关心并不能使你的客户在购买中做得更好。真正需要你做的是将你的销售策略与客户的购买行为联系在一起，这是由达特默斯学院原教授弗雷德里克·E·韦伯斯特和宾夕法尼亚大学耶尔曼·温德共同提出的一个概念，他们在1972年出版的《组织化购买行为》一书中相关的销售策略理论领先于所处的时代数十年，我极力推荐所有对先进销售策略感兴趣的读者读一读该书。

韦伯斯特和温德定义了客户购买过程的步骤，并阐明组织化的购买将遵循可预见的步骤，每位决策者都有自己的购买过程，购买者较之销售者更有支配力。因此，你最好把注意力集中在客户身上。

他们还特别定义了“买方中心”——购买决策中的一组成员各自具有不同的角色身份；探讨了经济、科技以及政治因素对这些成员的影响。他们建议我们“确定目标客户活跃于哪一阶段，并制订计划将组织化购买者从一个阶段推向下一阶段”。简而言之，早在40年前，就有人教导我们要以客户的购买行为作为销售策略的基础。过去20年里，我一直在按照他们的教导前行（遗憾的是，韦伯斯特和温德的理论并没有得到足够的普遍关注）。

韦伯斯特和温德杰出的论著使我将“传统型销售”重新定义为**任何未与购买心理同步的销售过程。**

如果按照这种说法，现在你是不是意识到自己还处于传统销售阶段？你能肯定地说自己确实参与到客户的购买过程之中了吗？你不想尝试一套其他方法来和购买心理同步吗？做到这些将有助你获得更好的销售业绩，因为你将与你的客户步调协调，并能总是采取使他们在购买过程中移动更快的销售行为。

循序渐进读本书

在第一部分的第一章中，本书将引入一种围绕客户购买过程而建立的销售模型。模型紧紧围绕如果想同客户保持同步并通过你的销售方式来建立一种竞争优势，如何重新审视销售过程这一核心的问题。第二章和第三章论述了面向购买过程中所涉及的多个决策者的营销艺术，我将多个决策者称作一个复杂的购买团队。由于如今的大多数销售过程均不止有一个决策者，这些章节为每位销售员展示了非常重要的背景信息，并在本书的主要部分中使用销售角色概念来提供更深入的扩展阅读。

第二部分在第一章引入的模型基础上展开。八章分别以八种“角色”来命名——学生、医生、建筑师、教练、治疗专家、谈判家、老师、农夫，分别与客户购买过程中的各个阶段相对应。这些职业及与其相关的行为将帮助你推动客户沿着他们的购买过程前行（例如，“医生”将分析病情、病因以及并发症）。

这一部分的每一章都将以一段简单的引言作为开始，接下来论述客户处于某种购买阶段时可能出现的各种情形，这也将是该章的重点。各章余下的部分将探讨相应的销售任务。

第三部分只包含一章，主要是为带领正在实践本书所提供销售模型的销售员的主管们提供参考。

每一章均包含实例，这对于那些希望可以发展更有成效、购买核心型销售行为的读者将很有帮助。当我去买一本新书的时候，首先要做的是翻看作者如何通过实例来阐述他的想法。一直以来让我诧异的是：有相当多的营销书籍告诉我们该做什么，但却没有告诉我们如何去做，经常只是寥寥几个（甚至是根本没有）具体的例子。设想当一位积极的销售员力图实践某种销售技巧时，如果作者没能（或者有时是因为不愿意）告诉他如何做，怎么能奢望他去掌握一种新的销售方法呢？如果你也有同样的感受，那么这本书将很适合你：所有理论均是经过检验的，这是一本充满可靠、已证实的策略，外加大量指导实例的书。

与第一版的不同

曾阅读本书的第一版《读懂你客户的想法》的读者，或许会非常想知道本书又有哪些新颖和不同之处。首先要说明的是销售模型未发生变化，没有必要多此一举。除此之外，我利用新的观点重写了书中各章。此外：

- 当今的营销较之 1996 年更为复杂。出现在第一版最后一章的“在复杂销售环境中取胜”部分在本书中得到显著的扩展。它们出现在本书最开始的部分（第二章：快速定位复杂销售中的决策者以及第三章面对多个决策者的销售艺术）。
- 设置了四个成果导向的关键点，分别用于强调相应的销售过程，并为制定你的销售策略提供帮助。
- 在写《读懂你客户的想法》时，我有着 15 年作为销售员、销售经理及销售培训师的经验。但现在，这个数字变成了 30 年，我希望这一优势能在书中体现出来。

- 陈旧的实例将被更新的客户案例所取代。
- 有用的小窍门将贯穿全书。
- 为销售经理们加入了新的一章，对如何提高销售经理的指导效果提供建议，并为他们讲解在不同销售阶段帮助销售员时该注意些什么。

这本书能带给你什么

我的营销生涯从 30 年前为雷立公司销售办公设备开始，用有点像“海军陆战队”一样的方式进行企业对企业销售。我得乘上电梯到达写字楼顶层，再下到大厅，一路上门去打得对方措手不及。我按学到的方法，走进每一个办公室，请求“给 10 分钟的时间”见到主管。凭着良好的技巧和每天 20 次的上门推销，每天上午能见到三位目标客户。而下午要做的，就是和未能谋面的余下 17 位目标客户打电话，寻找可能的约谈机会。经过几年的摸爬滚打，我得以负责大客户群，针对医院系统的销售额度达到 50 万美元以上，这是一种针对多层次决策者的复杂销售。接下来我成为销售经理并最终成为总经理。在这期间内，我雇佣、培训、指导了超过 200 名销售员。

1989 年 4 月的一天，在和一名销售员实地走访时，我在加利福尼亚州拉荷亚市的一家书店前停住了脚步，准备找些书为下次营销会议提供一些有质量的新点子。就是在那时，我发现了约翰·奥桑尼斯写的《人们因何而购买》，作为一名哥伦比亚大学商学院专门进行企业研究的教授，约翰·奥桑尼斯和他的助理们就购买决策问题调查了大量企业和个人客户。这些研究人员发现，当购买者对将要购买的产品或者服务感到不确定时（又有谁不会呢），他们会通过更为理性和可预知的购买途径来减缓这种不确定感。我有恍然大悟之感，我之前的整个营销生涯一直是在思考销售技巧而不是购买行为。

3 个月后，我从雷立辞职，作为销售培训师而另立门户，利用位于圣地亚哥郊区外的一间空卧室开始了事业初创。我相信自己选择对了。6年后，我的第一本书《读懂你客户的想法》得以问世。

自1989年以来，我同位于美国、加拿大诸多宝贵而有能力的合作伙伴及代理商一起，将《读懂你客户的想法》的销售方法在很多成功企业销售部门中实施，这其中包括几十家大的跨国公司，以及数百家中小型企业。我们的客户遍布各个行业：软件、文档管理、运输、企业服务、职业及雇佣服务、金融服务、专业服务、无线电、电信、健康护理、重型机械……凡是你能想得到的都包括在内。

本书适合的人群

本书关注客户群在最终购买前深思熟虑的决策过程（通常决策者不止一位）中所出现的各种情形（这些情形恰恰是可供销售员利用的最好机会），借此来深入了解客户关于购买的想法和感受，并将销售过程与客户的购买过程相联系。

本书能给那些企业对企业模式（B2B）下的销售员（内部外部的销售员均包含在内）提供最好的帮助，他们的商品和服务对于客户而言是最主要的购买物；此外提供高端产品及服务的企业对销售者模式（B2C）下的销售员也同样可以发现本书的价值，特别是在不止一位决策者的情形下。使用书中所描述的技巧将帮助你对客户的决策过程有更多的了解，继而使你有针对性的销售更有效果。

双赢思维

史蒂文·科维在他的书中谈到的第四个习惯是双赢思维。科维写道：“你只能通过双赢过程来获取双赢方案——结果和手段是统一的。”

我完全同意！如果你想有销售双赢的方案，必须拥有双赢的销售过程，没有其他路径可选。它意味着必须作出改变。客户才不会关心你的销售过程，他们只关心自己的需求能否被满足。他们不太可能改变自己的购买过程来迎合你的销售过程，因此，你是那个唯一需要作出调整的人。

我使用**“慢一点”**这个对你来说充满挑战的词汇，希望能将购买中心型销售变为你的核心营销方法。巨大的市场在向我们招手。

UNDERSTAND YOUR CUSTOMER'S BUYING PROCESS AND MAXIMIZE YOUR SALES

目 录

第一部分 销售是因购买而生的

第一章 欲速则不达 // 003

速度过快会导致销售损失和购买过程延长

重心在于购买而不是销售 // 004

客户更关心自己的购买过程 // 007

购买过程的 8 个阶段 // 008

6 个最令人头疼的销售之谜 // 010

与购买过程相对应的 8 种角色 // 012

从客户的角度看购买 // 017

第二章 快速定位复杂销售中的决策者 // 018

除却人际关系外，最有力的武器就是信息

复杂购买团队的成员特点 // 019

复杂购买团队的结构 // 026

内部争斗可以毁掉一笔确定的单子 // 027

至少应该避免的 4 大失误 // 029

第三章 面对多个决策者的销售艺术 // 033
每个人都有他自己的购买过程和购买标准
不得不考虑的问题 // 034
复杂销售的 3 个技巧 // 035
找准时机抓住决策者 // 038
懂点公司政治 // 041
拿到复杂销售的单子需要技巧 // 043

第二部分
8种角色唱一出销售大戏

借助8种角色开始销售 // 047
让客户沿着购买过程不停地移动 // 049
开始销售前的准备工作 // 051

第四章 学生 // 053
用知识获得优势
虚心成为目标客户的学生 // 054
客户阶段 1：变化 // 055
作为学生该如何获得对客户业务的深入了解 // 056
对客户了解比竞争对手多一点 // 056
了解企业的决策体制 // 059
让你的知识运转起来 // 061

关键点1：争取更多的初次预约 // 063
目标：一次 20 分钟的约谈 // 064
有效的电话 // 065

为第一次约谈做足功课 // 074

第五章 医生 // 075
诊断毛病，确定需求

需求决定价值 // 076
客户阶段 2：不满 // 077
“病人”的类型 // 079
强化目标客户的变革需求 // 082
诊断过程的 5 个步骤 // 083
处理“大概价格”问题 // 092
确定并强化不满 // 092

关键点2：用备忘录管理行动 // 094
为什么备忘录很重要 // 094
典型性备忘录案例 // 096

第六章 建筑师 // 098
设计个性化的方案以满足客户所需

从购买过程确定销售方向 // 099
客户阶段 3：研究 // 100
客户制定方案的过程 // 101
理解客户的购买标准 // 102
客户购买标准是动态变化的 // 104
建筑师应该如何设计个性化方案 // 104
明确你的优势 // 106
建筑师的工具箱：如何理解并影响购买标准 // 107
提供功能和标准更加匹配的方案 // 113
提供能匹配客户需求的唯一方案 // 115

第七章　教练 // 116

制订计划打败对手

位置分析 // 117
客户阶段 4：比较 // 121
教练如何制定比赛获胜方案 // 123
刺探对手 // 124
5 种获胜策略 // 128
胜利多属于执行能力更好的一方 // 136

关键点3：精确打击的方案和展示 // 137

如何制定有说服力的方案 // 139
展示：充足的准备才能抓牢机会 // 141
保持沟通 // 144

第八章　治疗专家 // 146

理解并消除买方的恐惧

客户阶段 5：恐惧 // 147
为什么会产生恐惧 // 149
治疗专家是这样解决购买恐惧的 // 152
治疗专家要敏感和善于观察 // 153
恐惧并不是唯一的障碍 // 156
先消除自己的恐惧 // 158
帮助客户摆脱恐惧 // 159

第九章　谈判家 // 160

目标是共同受益

客户阶段 6：承诺 // 161
谈判家如何实现双赢 // 162

谈判实力是销售效果的体现 // 162
谈判前的功课 // 164
不可不知的谈判策略 // 168
谈判正式开始了 // 171
目标都必须是双赢 // 175

关键点4：从售前向售后过渡 // 176
售后至少应有的责任 // 177
起草实施方案 // 177
让客户风险最小化 // 178

第十章 教师 // 179
传授给客户达到价值最大化的秘诀
客户阶段 7：期望 // 180
从学习曲线中学到的 // 181
好老师如何指导客户：客户教育的 4 个步骤 // 183
传授也让教师受益 // 187
超越客户的期望值 // 188

第十一章 农夫 // 189
提高将客户从“满意”转变为“忠诚”的胜算
客户满意的关键 // 190
客户阶段 8：满足 // 191
农夫如何培养客户忠诚度 // 192
销售的 4 个秘诀 // 193
三级客户关系 // 195
发展战略伙伴的时机和方法 // 199
战略伙伴关系计划 // 200

获得更多推荐 // 201
最后的角色：首席满足官 // 202

结　语 // 204

第三部分
导演8种销售角色

第十二章　成功的指导让销售成功 // 209
给销售经理以及为他们工作的人的建议

指导些什么 // 210
如何提高你的销售指导水平 // 212
从关键点获得更大价值 // 215
对销售角色的指导 // 218
你的任务：创建一支优秀销售团队 // 221

第一部分

销售是因购买而生的

第一章　欲速则不达

「速度过快会导致销售损失和购买过程延长」

最近我被一家大型金融机构的地区销售副总裁雇佣，负责对专门为高净值客户群提供投资咨询服务团队的销售效果进行评估。他要求我充当一名“神秘客户”，按他的要求，扮演一名正考虑更换财务顾问的高净值客户，与他手下的一名销售员见面。

碰巧的是，当时我确实对自己的私人财务顾问有些看法，当我意识到与销售员一起分析的结果是我可能需要换一家公司为我提供顾问服务时，我告知委托人为了使决策过程显得更为客观，我也应该找他的两个竞争对手谈谈（同样因为这个原因，我又要求与他最好、最有经验的顾问见面，恰好发现他是提供我一直以来期望得到的服务的最好人选，我最终决定选择该公司）。

在接下来的 6 周里，我按照计划与三家投资顾问公司的代表见面，如前所说，其中一位来自我的委托人公司。他们在沟通、语言交流以及为客户着想方面都表现得非常出色。

然而，他们还是犯了和其他行业销售人员一样的错误：按部就班地沿着自身销售过程前进。从建立信赖关系开始，到确认需求、提出他们的方案，最后是完事大吉，丝毫没有考虑过我处于决策过程的哪一环节。

他们销售得太快了。他们让我紧跟着他们的销售足迹前进，却忘了考虑我的购买过程。

当你在每个推销电话里放慢速度，询问更多的问题，实际操作本书所提出的建议时，你会发现客户反而会加快购买速度，因为他们会对需求和需求的紧迫性有更充足的认识。最好的方案（希望能是你的方案）会因客户的重视而变得更为清晰和与众不同，这种与客户购买过程的充分联系也最终会使你脱颖而出。

在本章中，我将详细解释为什么这些财务顾问销售表现得太急，探讨客户是如何购买的,并提出与客户购买过程相匹配的一种新的销售模型。

重心在于购买而不是销售

我第一次与委托人的投资顾问面对面会谈的流程如下（加深的文字部分是顾问采取的行动步骤，标注是我加上去的）。

- **建立信任**：这名顾问首先对我的情况略作了解，接下来是自行介绍，包括他的资金管理背景、教育情况等，这是个不错的开始。
- **确认需求**：顾问接下来问了我一些问题，了解了我的理财目标，也知道我对目前财务顾问的表现和投资回报不太满意。
- **提出解决方案概要**：他向我讲解到他的公司理念不是短线炒作或是"一味随大流"，他的公司采取的投资模式是在保证风险最小化的同时达到回报最大化。根据我对诸如"我的钱现在在哪""退休时我的金融资产将会怎样"等问题的回答，他将采用个人财富计划方案来满足我的需求。
- **结束，进入下一环节**：这名顾问最后提议我们过几天再见，同时建议我届时带上目前投资的财务报表。

下面是他所犯的五个错误,所有错误都可以归因于他销售速度过快。

1. 他没有认真考虑过为什么我认为目前的顾问带来的回报太低。如果他真的认真思考，我将向他说明在过去的 8 年里，我的投资组合没有发生太大的变化，财产的投资形式几乎是静止不动的。我认为目前的顾问正在偷懒，并且心安理得地占有着我的账户资金。**如果我的委托人派来的顾问问对问题，他就会更深入地了解我的需求，在接下来的提出方案环节会更有说服力。**

2. 正因为他对我目前所用顾问的懒惰和迟钝一无所知，他失去了作为销售员最有力的武器：**让目标客户认识到一成不变可能带来的负面结果。**在这个案例当中，如果他能提醒我保持现状会发生什么，我将好好考虑将钱交给一个玩忽职守的人的后果，那将不可避免地带来担忧和不确定感。这些都将帮助我考虑是否应该换一个顾问。

3. 他没有试着发现我的第二个需求。通常情况下，与一名潜在客户讨论的首要话题是他或她当前最关注的事，它大多为从客户视角产生的需求，也是客户与你面谈的理由。**帮助目标客户认识到他们还有其他应该改变的需求将产生更为强烈的危机感。**它将使你的最终方案更具潜力价值。

小窍门：如何找到第二个需求

在首次同客户会谈时，客户不太可能会开诚布公地告诉你他们决策过程的一切。如你所知，他们提到的第一个需求可能早在几天前已被你的对手获悉。如果不能寻找到第二个需求，你就只能任由竞争对手在客户脑中烙下解决方案，那可不妙。

即便你的客户没有提及竞争对手，寻找第二个需求也是促使他增加购买愿望的好办法。在我同财务顾问会面的过程中，他应该这样问："除了表现平平的投资回报，你现在的顾问还有其他让你担忧的问题吗？"这样做的结果是，他会发现我还感到每月的报表过于复杂，我的整个投资组合不能在一张网页上显示出来，让我感到对于全部投资的分配等重大问题一无所知。如果他的公司能提供改进的服务，我就会认识到改变顾问的更大好处。

4. 他没有询问我的购买过程——我是如何作决定的？谁还会与我打交道？他未能获知我还将和他的两个竞争对手碰头。**他甚至在我问及他“为什么我应该选择你”之前，就已经失去了回答的机会。**

5. 他没能问及是否还有其他人参与我的决策。虽然我表现得非常独立，但如果这名顾问仔细询问，会发现我的妻子在财务决策中扮演着重要的合伙角色。**他可以通过放慢推销的言辞，要求和我及我的妻子见面，这样会加速我们的购买决定。**（实际上，今天的大多数销售情形下决策者均不止一个，和第二个、第三个甚至第四个决策者取得联系将成为成功关键所在。我将就此问题在第三章和第五章展开论述）

当我与这名顾问在第二天继续碰面时，他继续犯着更多同样的错误，执迷不悟地将重心放在销售过程而不是我的购买过程上（可能你会对结果很好奇：我最终雇佣了会谈过的三位顾问中的一位，并对自己的选择非常满意）。

在某种程度上，我对这位顾问的行为毫不奇怪，他所在的公司一直以来都是对销售员进行传统式销售培训的。而且，我同样发现越是那些有经验的销售员，越会出现销售过快的倾向。什么原因导致这一情况的出现呢？由于那些“专家级”销售员已经发现客户存在的问题，并假定客户自己也已经认识到这些问题。结果是，他立即直奔主题，在客户还没有完全发现问题之前，大力描述他们的产品或是服务的种种好处（新进的销售员缺乏销售技能，他们更容易问一些多余的问题，引得客户在需求和产品使用的问题上说个不停）。

不管你是在销售过程中照本宣科，还是对着目标客户炫耀你某一方面的知识，过快地抛出过量的信息意味着你正在跑到客户的前头，它只能加深客户的顾虑（不知你是否注意到：当客户需要你的信息时，你很容易与他们接触；但反之接触则变得困难）。现在你来扮演客户，假设我提供给你一种带有十种功能的产品或是服务，但你觉得你只需要其中的5种，那么你会怎么想？自然的反应或者是“功能太多了”“太贵了”

或是“可能其他人会有更适合我公司要求的东西”。

每个销售员都想卖得多些，我们都想挣更多的钱，用绝佳的表现引人关注。根据我和财务顾问的例子所阐述的，实现这些目标的办法就是**放慢脚步**。我们需要花时间进入客户的大脑，因为只有这样我们才能更多地了解他们的想法，了解他们沿着购买过程前进时关注点是如何变化的。凭借对客户需求和关心的事物更好的理解，我们将为他们的整个购买过程提供更多服务。我们能帮助他们对将要面对的机会和风险有更清醒的认识，帮助他们更好地确定完美解决方案的标准。当这些问题能够清楚地得到解决时，客户会对他们的选择更加满意，会更快地作出购买决定，你的业绩自然变得更好。

客户更关心自己的购买过程

在过去 20 年的销售顾问生涯中，我曾组织过成百上千次的研讨会。我经常首先问销售员两个问题，第一个问题是：你的销售过程都有哪些阶段？就这个问题而言，答案往往明确、简明。多数的销售员都能描述出他们是如何销售的。其中听到最多的一种答案是“开场、需求、方案、结束”。还有一种是“准备、取得资格、提供方案、解决异议、结束”。虽然每个销售员、每个公司的答案各有不同，但有一点是确定的：多数销售员都有着经过深思熟虑、定义清晰并可供遵从的销售过程。接下来是第二个问题：你的客户的购买过程包括哪些阶段？即便是在越来越强调以客户为中心的今天，这个问题仍能难倒很多人。一些销售员从未从客户的角度思考过这一过程，即使是那些努力以客户为导向的销售员，对于客户作出购买行为的过程，也没有集中精力进行思考。结果就是，销售员总是在拼命销售的过程中考虑自己的行为，而没有把重点放在客户需要什么来作出更有根据的购买决策上。

我在第一堂课开始时就传达给销售人员一个理念，客户不会考虑你的销售过程，他们只关心自己的购买过程。

购买过程的 8 个阶段

个人和组织的购买方式可分为两种：

1. 已知型购买。购买者在已经了解到足够多购买所需的信息时，他们会很快作出决定。

2. 学习型购买。当购买者缺乏足够可供作出有依据的购买决策的信息时，他们需要先去做更多的功课。

已知型购买的客户决策无须销售员的参与就可以自行完成，因此本书关注的客户购买主要是指学习型购买。这种购买过程更为理性、更可预测。

本书的主要切入点就是理解客户的购买过程，并将你的销售行为与之相匹配，给你带来更有竞争力的优势。

由于各个购买步骤构成一个循环过程，我通过一个轮盘模型来说明（图1–1）。这个图示主要由客户在学习型购买模式下经历的四个阶段组成：

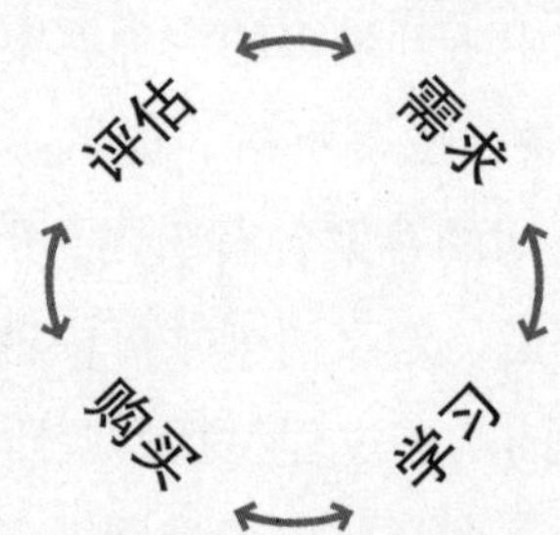

图 1–1　购买过程四个阶段

- 确定一项需求
- 对于所选择购买事物的学习
- 购买商品或服务
- 评估购买的价值

需求—学习—购买—评估，这就是客户购买的过程，对每个购买阶段的最终归纳。但深入挖掘下去，你会发现实际上是 8 个阶段——每个阶段又可细分为两个步骤（图 1–2）。

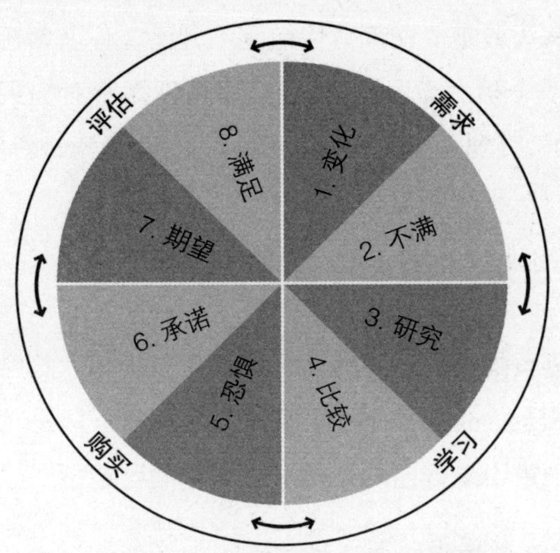

图 1–2　客户购买的 8 个阶段

以你上一次的学习型购买为例吧，比如像买房、车一类的大物件，无不因变化而起（第一步）。是不是因为有了孩子？或者要搬家去一个风土人情不同的地区？变化让你对现状不满（第二步），这些不满可能来自某个麻烦（比如车报废了）或是某个被遗漏的机会（比如一份新工作许诺给你更高的薪水，使你看不上自己的“老爷车”了）。

一旦你的不满发展成为需求，你开始决定要了解一下替代品的信息。首先是好好做功课（第三步），确定可供选择的方案（不同街区的房子，不同型号的轿车或货车），接下来是对备选方案（不同的车、房）进行反复比较（第四步）。

最终你确定了一种中意的方案并打算购买，但是假如你像绝大多数人一样，这时反而会出现一阵的恐惧：怀疑你做的是否正确、选择是否合适（第五步）。你犹豫地走出展示大厅或是对你的房产经纪人说：“我想再考虑一下”，在想妥这个决定之前，甚至连销售员的电话也置之不理。

最后，假定你战胜了恐惧，树立了购买的决心（第六步）。

对于很多销售员来说（不管是假设的汽车销售员还是房地产经纪人），销售到此该结束了，因为购买已经完成。不过，试着再从客户的角度想一下，购买最重要的部分恰恰刚刚开始，你非常想知道得到的物品是否满足期望（第七步），如果是，那么你终于对购买达到满足的阶段了（第八步）。直到又有新的故事发生，使你再开始新一轮的循环。

6个最令人头疼的销售之谜

如果盲目进行的销售过程与客户的步调不合拍，你会最终因为各种疏忽、错误而出局。但如果对客户的购买过程的每一步有足够的认识，你就可以解释销售中最普遍的疑惑了。这些问题包括：

- **为什么那么多的促销电话被置之不理？**每个销售员都可能会在电话里首先加上一段“好处说明”，许诺客户两三样小恩小惠，来激发目标客户的兴趣并答应预约见面。但很多目标客户要么处于变化阶段，要么处于不满足阶段，他们对存在的问题还不太可能注意到，这就意味着他们还远没达到对解决方案有明确需求的程度，也就不可能对你的优惠有积极的反应。描述种种好处是起到争取客户的作用，它应该在比较阶段——购买过程的晚些时候。迫不及待地谈起产品的优点，你就已经开始和客户步调不一致，过早走到他们前边去了，而不幸的是，买家极少会加速快跑追赶你。
- **为什么客户早早地想获得一个大概价位？**在需求阶段，买家试图确定他们所感觉到的不安是否已严重到了必须解决的地步。他们想知道：这是一次足够重大到要用钱来买解决办法的问题吗？通过询问一个大概的价位，他们是在寻找能够比较损失和利益的数据，再接着判断是否值得下定决心购买。如果价钱同问题的严重性比起来还算合理，他们就会继续沿购买路线前进。但反之，如果对认识到的影响而言价格过于昂贵，他们就会停滞不前。

- **为什么客户对你的解决方案的优势视而不见，而只执著地压低价格？** 对于大部分经过训练的销售员来说，确认客户需要后尽快提出方案已经成为职业习惯。但问题是，这通常发生在客户“不满”或是“学习”阶段，这意味着我们在大谈特谈产品特性和多种选择时，客户刚对需求的紧迫性有个模糊的印象，对什么是最优解决方案则完全没概念。必须要等到他们完全了解自己的需求之后（包括了解如果他们不采取任何行动的后果），他们才会对如何解决问题有清晰的认识。总之，他们不是站在欣赏你方案价值的角度来思考问题的。
- **为什么首次面谈效果不错，但接下来没有任何结果。** 结束第一次面谈后，和你见面的客户经常会起身去找另外一位对购买决策说话算数的人。你满怀希望，盼着他能说动那位有决定权的人，让他知道为什么他们的组织需要好好考虑一下你所说的。但是销售员极少可以提供给目标客户销售技巧（具体哪种技巧则视目标客户处于购买过程哪一环节而定），供客户让其他决策者认识到他们确实存在需求。销售手册并不是万能的。你需要给你的目标客户提供更多有说服力的技巧，让他代表你去说服别人。
- **为什么客户在最后一刻突然没有了回应？** 这种情况几乎在我知道的所有销售员身上都发生过。他们和客户建立了良好的关系、专注于客户需求、提出建议、表达有力，并且得到很多客户积极的回应……但问题就是发生在这时，就在他们感觉良好，觉得销售可以继续下去时，突然他们再也没有接到客户的电话。产生这种现象的原因，是购买者不太可能在比较多种选择后直接确定其中的某一种。客户出现了“静默”是因为他们处于恐惧阶段，对是否该购买、别人会怎么评价等问题充满着怀疑和关切。如果你能认识到他们的恐惧并能继续保持与他们沟通，你就能采取措施防止你的销售出现不希望的结果。
- **竞争者是怎么偷偷溜进来的？** 当销售员向处于学习阶段的客户展

示商品或是服务时，他们自认为到了快要“收官”的时刻，而这时却正是客户通过与其他潜在的供应商（竞争者）交谈开始他的比较阶段的时候。当一位销售人员的销售进程终止并丧失同客户的交流机会时，往往伴随着竞争对手的销售进程的开始。

购买到底是如何影响销售的

我手头有一本由《哈佛商业评论》期刊发行，名为《商业经典案例：成功管理的 15 个关键概念》的书。该书包含 15 篇在《哈佛商业评论》发行史上最受欢迎的文章。其中一篇由大卫·迈耶和赫伯特·格林伯格撰写的文章《是什么成就优秀销售员》，刊发于 1964 年，作者通过研究发现，高效的销售员具备两种素质：自我驱动（或者可以说是个人野心）和换位思考。从我的角度来看，换位思考的重要性甚至更高些，因为它反映了你透过他人（你的客户）视角看问题的能力。

但让人惊讶的是，这篇文章问世后近 50 年过去了，销售员很少因为他们能换位思考而被选入这行，被雇佣后也从未有过换位思考方面的培训。铺天盖地的培训课程仍然将焦点放在销售步骤上，看看销售员需要在销售中做的工作：寻找、接近、提问、证明、提供、解决异议、结束，等等。我们是还活在 20 世纪 60 年代，还是怎么了？

本书的中心意思是一旦你学会从客户的角度审视购买，就会停止自己的销售过程，开始协助客户购买的过程。

简而言之，购买是销售的基础，客户的购买进程应该成为你的出发点，接下来将你的销售方法与客户的购买行为保持一致。当你能做到这些的时候，你就能实现更多的销售，而且获得更大的客户满意度。

与购买过程相对应的 8 种角色

你想卖得更多、更快，下面是必需的组成要素：

1. 确定你的客户在作出决定时经过的购买阶段。

2. 将你的销售阶段和客户的决策过程相匹配。

3. 在打每个销售电话时都要有意识地提醒自己："目标客户现在处于决策过程的哪一步？""这位客户如果要进行下一步需要了解些什么？"

我们刚刚总结了客户在学习型模式下所走过的典型阶段。接下来该是提问：我能如何帮客户在这些阶段走快些（或者可以说，增加给我带来好处的概率是什么）？答案是你必须确定在客户不同阶段时提供各种支持方式，所以，你一定得转变自己的角色，提供相应的帮助。

图 1–3 这个轮式图显示了销售员与客户购买步骤相匹配所要采用的 8 种角色。

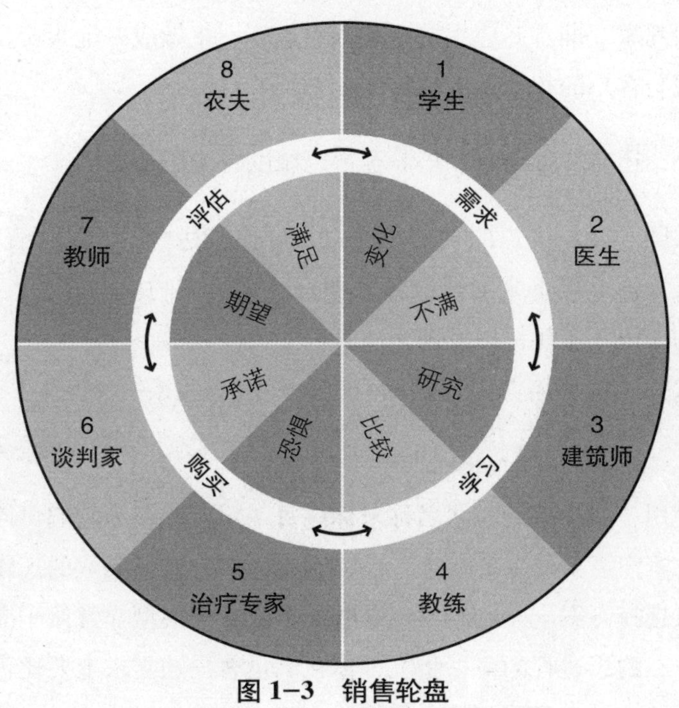

图 1–3　销售轮盘

将客户的购买过程作为核心，在图 1–3 中，我列出了 8 种有助于你帮助客户在购买步骤中前进的对应销售角色。

正如轮盘所揭示的，模型中包含了在客户购买过程中，可供你作为销售顾问时使用的 6 种角色（图 1–4）。

1. **学生**。主要研究对客户产生影响的各种变化，并设法与目标客户取得接触。
2. **医生**。分析目标客户的不满，并找出重要的需求。

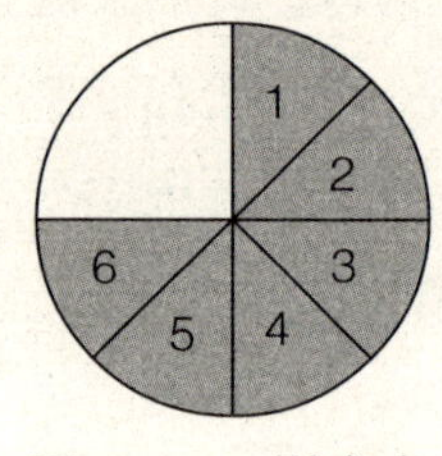

图 1–4　6 种角色

3. **建筑师**。设计以客户为中心的解决方案，基本原则是对客户有利，还要精确地阐明方案中的哪一项功能需要在销售时加以强调。
4. **教练**。分析竞争形势，选择最合适的策略，制订获胜计划。
5. **治疗专家**。发现客户的顾虑并解决。
6. **谈判家**。准备并应用双赢策略，达到不止做成一笔买卖，而且实现与客户的相互承诺的目的。

此外，还有 2 种角色在培养客户忠诚度时采用（图 1–5）。

7. **教师**。设定客户的预期并通过指导使其达到最大值，接下来通过测试来保证许诺给客户的期望确实能得以实现。
8. **农夫**。精心培养客户的满意度，使双方关系继续得到巩固。

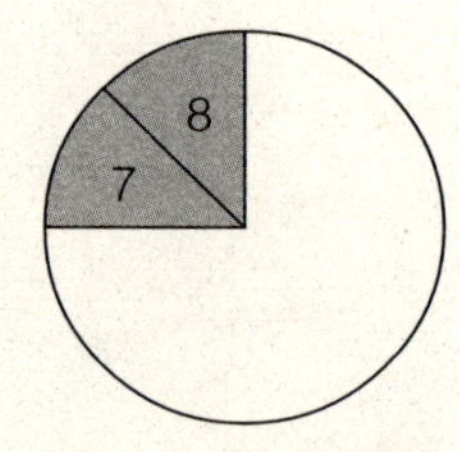

图 1–5　2 种角色

我使用一些常见的职业名称来标注每个角色，因为它们可以贴切地表明帮助客户需要采取的行为，以建筑师为例，这一职业的工作正是为客户提供选择方案。我已经发现这些角色使整个模型非常便于应用。结果就是，在购买过程的每一步上，你在满足客户的需求上要比你的对手做得出色，这是个了不起的竞争优势。

需求—学习—购买—评估环形循环过程起到连接销售员和客户的作用，是图中同样重要的一部分，为确认需求，客户要经过变化和不满阶段，销售员同样需要努力判断客户的需求，这就是为什么需要采取学生和医生的角色。在学习阶段，客户需要学习，销售员同样需要学习。而到了购买阶段，销售员需要帮助客户解除他们的购买恐惧感，使他们轻松地下定购买决心。客户的最终目的是作出评估，实现购买的价值，销售员必须尽力帮助他们实现这一目的，这样才能培养出忠诚的客户群，这个客户群才会和销售员所在企业开始新的买卖。

双向箭头也非常值得关注。我们都希望客户的购买行为不断向前，但有时对客户而言，帮助他们走回头路可能会对他们更有益。例如，如果按你的职业观点看，你的客户错误地判断了自身需求，从以客户为中心的责任感出发，你至少需要带领客户往回走，去重新审视他们的需求（正像我们所熟知的，如果没有得到销售员的任何帮助，客户常常在购买过程中后退）。

如销售轮盘所指出的，整个销售过程的目标就是培养客户忠诚度。但是，长久的忠诚度只有在客户感到满意以后才会实现。没有满意，就不会有忠诚可言，只有靠与客户共同走完购买全程，并在完成销售之后仍能不离不弃，你才可以通过所创造的满意度使客户达到长期的忠诚。

小窍门：如何正确使用销售轮盘

你肯定听说过“一图胜千言”这一说法。销售轮盘是关于销售效率的图片，它是帮你应用所学内容的辅助工具。本书之后的章节将展示每个角色如何发挥作用，详细描述客户将经历的情况，以及这些对应的销售角色如何帮你实现销售目标；你在学会如何更快地帮助客户通过他们购买过程的每一阶段的同时，让对你有利的胜算随之增加。

销售人员告诉我通过一个简单的图形、模型，将购买行为和销售行为结合在一起，会使他们同客户更加轻松地保持同步，取得更大的业绩。还有一些人将图片放在办公桌或是随身携带，提醒自己慢下来，不要跳回老式销售习惯中去。

扮演不同的角色参与客户的购买过程

在与客户接触的任何时候都要有强大的计划是本书想要告诉你的东西。我希望你能同自己的高级主管多多交流，学习如何询问更多有效的问题来创造更大的购买需求；我希望你能在竞争对手溜进来之前，通过设定对你有利的基本规则来比他们卖得更多。

如果竞争对手溜了进来——这种情况并不少见，你能用新的销售策略加以武装，让你的客户替你将对手赶出去。

你还将学习大宗销售沟通的秘诀，如何和多个决策者解释清楚复杂销售。

你将学习如何读懂客户的想法，懂得如何成为客户购买过程的同伴，帮助他们稳扎稳打地前进。

- 为客户购买进程前进提供强有力的理由或好处。
- 通过展示如何使用你的产品和服务来影响客户的选择，他们将因此认识到你的解决方案是毫无疑问的、令人信服的最好选择。要做到这一点，你必须将你的方案的特殊性和客户的具体需求联系起来。
- 获得与多个决策者接触的机会，帮助他们认识到需要改变的不可抗拒因素以及你提供方案的高明之处。
- 提供一个吸引人的建议，要能有效地从客户角度传达你的价值，并满足不同决策者的不同兴趣。

- 准确地表达出你确保成功实施方案将采取的措施。
- 评估你所带来的结果，如果能由客户评估则更好。
- 与客户公司的高级主管沟通上述结果，增强联系（在我看来，只有第二次仍选择你的客户才是真正意义上的客户）。

从客户的角度看购买

你可能自信地认为自己的销售做得已经不错了，原因是你早已将过去的那种销售技术抛在脑后，你排斥那种“以自我为中心的散发着吃提成气味的推销”方式，你真的为自己的客户着想。

但是最要紧的不是你自己如何认识自己，而是你的客户如何认识你。我可以明确地告诉你：销售员如果一直在销售过程中遥遥领先，忽视对客户处于购买过程哪个环节等问题的关注，就会被客户认为自私——对自己考虑超过对客户的考虑。

在本书中，我有一个主要任务：**说服你放慢销售脚步和你的客户保持同步**。我希望你能对你客户的购买过程着迷，并且绝不会觉得购买总是千篇一律。

通过放慢步伐，从客户的视角审视购买，你将对过去使你脱轨的弯路变得敏感，能避免重蹈覆辙，你将对客户的问题有更好的理解——你的理解不仅会胜过你的对手，并很可能好过客户对自身问题的理解。你的洞察力会帮你从容准备应对你和你的客户在每个阶段面临的挑战。你将帮助客户沿着他们的购买进程更快前行，而这就是为什么你慢下来之后，反而销售得更快。

第二章　**快速定位复杂销售中的决策者**

「除却人际关系外，最有力的武器就是信息」

我们都碰到过这种情况：在一次销售中投入了大量的时间和精力，但就在最后一刻，原本有把握的事情突然失控。这些失败往往源自对复杂销售（包含多个决策者的销售）缺乏有关的策略。我曾做过一笔成功的买卖，将一个很受欢迎的培训研讨会推销给了大客户销售员。虽然研讨会深受好评，但接下来策划的另一次培训（规模更大）在同样的客户那儿却未获得成功。这是为什么呢？因为有一位买方的主管非常恼火，他在上一次决定雇佣我的公司的决策过程中被排除在外了。

我所做的生意里，只有一位决策者的情况越来越少，更常出现的是含有多名决策者的情况，每一位决策者都有着不同的兴趣点、不同程度的影响力，而且每个人每时每刻都处于销售过程中的不同步骤，相信你碰到的情况也一样。掌握复杂销售策略并能开发应对处于不同购买阶段的多个决策者的技巧，对于成为一名成功的销售员是至关重要的。

在本章中，我将帮你快速定位复杂销售决策中的参与者，展现在多位决策者参与决策过程的典型表现，并使用案例分析来阐明关键点。在下一章中，我将探讨如何利用这些知识来赢得复杂销售（如果你的销售对象只有一位，那么可以直接跳到本书第二部分）。

复杂购买团队的成员特点

复杂购买团队内的每个组成部分本身就是复杂的,这并不值得奇怪。每位参与者都是4种特征组成的独特混合体。这4种特征包括:他们是否有权作出最终决定,他们对方案的哪个部分感兴趣,他们是否能对团队施加特别的影响和压力,以及他们最终决定支持还是反对你。

这意味着要透过4组镜头才能看清复杂购买团队的组成。表2–1对这些镜头以及因每种分类中参与者地位的不同所打上的不同标签做了总结。接下来的内容将详细分析每种特征,对不同角色进行描述,并讲解该如何把这些特征运用到实践中去。

表2–1　分析团队组成的四组镜头

最终决定权	兴趣点	信息和准入控制	支持
ROI(投资回报率)权威 *	ROI权威 用户/超级用户 整合者	权力掮客 ** 守门员 *	支持者 *** 反对者 ***

* 一个团队中只有唯一一名。
** 在一组或一个部门中通常只有一名。
*** 支持者和反对支持者的出现取决于购买过程出现的事件,其他成员将自动出现。

小窍门:ROI权威可能躲在幕后

与ROI权威一道共事的一个重要关键,是要懂得他们经常只在购买过程开始时出现,再出现就是在已作出选择的时候,再之后是发生在实施后要确定投资回报之时(第三章提供了关于这一现象发生的原因,以及如何加以应对)。如果你获得了销售契机,你将有可能取得见到这些大人物的机会,但如果是客户主动找你,那极有可能他们已经越过购买中确认需求的阶段,也就意味着ROI权威多会在幕后行事,直到购买过程的后期才会出现。

镜头 1：谁有最终决定权

那个有权作出最后决定的独一无二的人（在某些情况下是一个群体，比如董事会成员）被称做 ROI 权威（将在镜头 2 中解释）。他具有生杀大权，就是那个决定预算的人。

镜头 2：谁对什么感兴趣

影响购买决策同时被列入你目标客户名单中的每个人，都基本上对 3 种事项中的 1 种或更多感兴趣。如表 2–2 所示。

表 2–2　购买团队成员的兴趣点

参与者	兴趣点
ROI 权威	投资回报 与其他机会相比的优势
用户和超级用户	功能，操作简便性
整合者	与现有系统 / 技术的兼容性

- **ROI 权威：**这类人主要对最终结果感兴趣，也就是投资回报或者是收益周期。然而，他们的早期目标是确保清晰正确地找到自己公司的问题。要注意的是这类人有着更为广泛的责任，因此会将你的解决方案和其他诸多完全不同的投资项目反复比较。从 ROI 权威视角来看，投资回报是一个需要首先考虑的问题。
- **用户和超级用户：**正如名字所解释的，用户是指使用你的商品或服务的人，而超级用户则或是那些被指定出来代表其他用户的一部分用户，或是用户的管理者（或监督员）。他们每天都要面对许多需要你的商品或服务去解决问题，因此他们对于实际运作事项最有发言权。他们

最为关注的是你所提供方案的功能，以及它对他们的工作有何影响。他们可以对方案评头论足，但却没有最终决定权。他们也能从最开始把一个潜在的供应商扼杀（“我不觉得我们能和他们一起工作”或是“这个办法看上去太复杂了”）。

- **整合者**：这个称呼指那些拥有专业的知识，对技术问题（你的产品或服务必须达到的标准）、兼容性问题（你的产品和服务如何与其他现有产品和服务的整合）都可以评价的人。如同用户一样，整合者的意见可以使供应商被淘汰。他们的支持对作出最后决定来说往往是个先决条件。

此外，不同参与者的工作内容会影响到他们的关注点。比如，你在向汽车企业销售配件时，会碰到复杂购买团队中的工程师（很可能是在与研究开发人员磋商的时候），他们主要关注于特定的表现特征；生产经理将主要关心保持平稳的生产管理，以及减少质量问题（因此他们最不愿意改变设备和生产步骤，你的新产品需要满足这些要求）；采购部尽量倾向于现有的供应商（假设价钱是合理的）；法务部将审核你的新产品可能存在的潜在风险；而财务总监或者其他高层管理者主要想控制成本。如果这对你来说是一次不错的销售机会，你必须考虑在客户的购买过程中将上述关注点从不同角度加以强调。

镜头3：权力掮客与守门员

取得与复杂购买团队的每个成员的接触机会是你制胜的关键。有两类人将可能帮你的大忙，或者是坏你的好事。他们是权力掮客和守门员。

复杂购买团队中最重要的成员是**权力掮客**，他们是指在团队中对他人有着最大号召力和政治影响力的个人，在管理层中有着最大的公信力（包括ROI权威在内）。事实上，权力掮客有时与ROI是同一个人，但更多时候是用户、超级用户、守门员或是整合者。因为权力掮客的公信力来之不易，他们会全盘考虑这笔买卖的效果，还要考虑向ROI权威说明投资回报。

有时，权力掮客是由 ROI 权威官方指定，有着明确的需求来寻找解决方案，有的时候，权力掮客只是在组织中有着较高的个人信誉。但不管他所拥有的影响力是正式还是不正式，权力掮客在信息流动与准入上发挥着关键作用。他将充分吸收团队所汇集的信息，并将建议提交给 ROI 权威（图 2–1）。

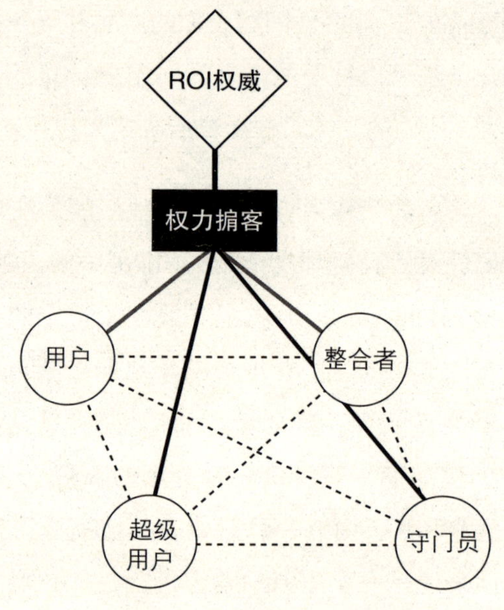

图 2–1　权力掮客的影响

权力掮客的表现形式和影响力不一。有的权力掮客为了使不同决策者达成共识将主动施加影响；有的权力掮客将主要对 ROI 权威施加影响，处事原则是“要么照办，要么再见”。后一种掮客的格言是“不管什么冲突，需要这样做”，要么就是“该死的鱼雷，全速前进”。一旦他们出现，其他决策者的参与和意见就会打折，从长远来看这将导致异议。

擅长引导人们达成共识的权力掮客们对调解他人有很高的需求，并倾向于服从现有的规则，他们表现得以人为本、乐于助人而且乐观。他们使用有表现力的姿势，关心别人的想法；“该死的鱼雷”型的掮客表现为工作导向、更强势、更有说服力。

要想让销售策略获得胜利，你必须识别权力掮客并向他们施加影响。找到可信任的权力掮客是困难的，因为你无法靠工作头衔来识别。如果没有经正式指定的权力掮客，可以仔细听听团队的其他成员说的，观察他们听谁的意见（权力掮客表现为复杂购买团队的非正式领导）。总的来讲，权力掮客可能是这样一种人，他们是：

- 可以接近高级管理者。
- 从一项购买决策中得到或失去得最多。
- 参与其他主要项目。
- 自信。
- 渴望权力。
- 了解企业目标和宗旨。
- 被他人倾听。

另一种影响你接近购买团队的人可以称为**守门员**，他们控制着你和团队其他人之间的信息流动（图 2–2）。

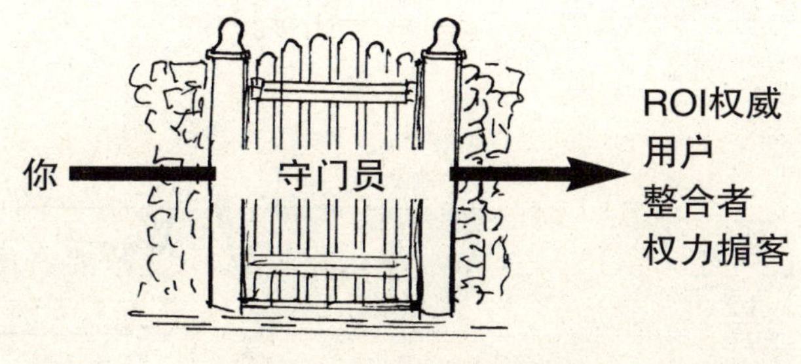

图 2–2　守门员的角色

守门员既可以放你进来，也能使你同其他决策者隔离。他们可能是从事行政工作的一些人，比如前台、办公室主管或是行政助理，他们在决策过程中的主要任务就是过滤你的电话，或是一位经指定有责任施加影响的决策者，比如采购员。

镜头 4：要么支持你要么反对你

最终每个决策者都将要么支持你要么反对你，你可以将他们的角色归纳为：

- **支持者**：任何希望你的方案获胜的人。
- **反对者**：那些不希望他们的公司从你那购买的人。他们可能出于各种各样的理由来反对你：他们和其他方案供应商有更深的交情，一点也不认为这项投资是必需的，或者只是因为同支持者存在权力冲突！反对者无疑是你赢得复杂销售的大敌，他们经常行动隐秘，不让你知道他们的反对意图（更多内容在后文涉及）。

赢得复杂销售的关键是和你能接触到的复杂购买团队中的更多成员交流、让越多的成员成为你的支持者越好（图 2–3）。

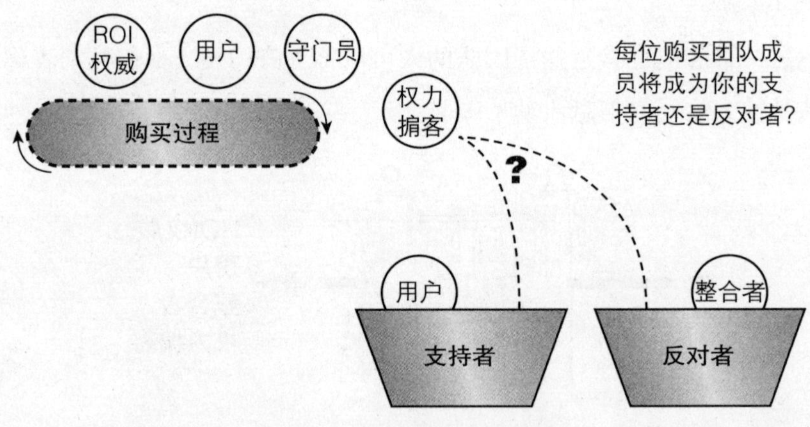

图 2–3 支持者还是反对者

因为权力掮客对整个团队有着最大的影响力，很自然地，你会想到要努力去和他们发展更深的关系，希望能幸运地去将他们变为支持者。要做到这些意味着当你分析需求、帮助客户形成理想的解决方案时能得到内部信息。此外，权力掮客更可为你在与之沟通时提供我称为“关系力”的能量。

培养支持者

支持者是希望你和你的方案获胜的人，但你得留意这些人具有的权力和影响力。如果你的支持者与购买团队中的其他成员，尤其是ROI权威和权力掮客，建立起信赖关系，将对你有极大的帮助。（记住，权力掮客是指拥有最大的权力和影响力的人，而支持者是任何希望你的方案获胜的人）。如果不能和其他人达成信赖关系，你的支持者的销售作用将会大大减弱，而你取得内部信息的路也将被封死。

因此你需要获得至少一名支持者来赢得一项大的销售（当然越多越好），能在购买过程中尽早发展一名支持者当然意义非凡。如果你能比对手更早识别权力掮客并与之取得接触，使他成为你强有力的支持者，你的销售任务几乎就可以敲定了。

最好的支持者是那些通过你的方案可获得很多个人利益的人。虽然购买团队的成员都希望达到组织的目标，但通常他们的购买动力来自个人和企业的双重目标。

库尔特是一名参加过我的研讨班的销售员，他最近面临一个棘手的情况：他有一位非常强大的支持者，可这位支持者的老板却是反对者。但是，支持者认为她的老板犯了方向性的错误，因此决定私下开展工作。为什么她想冒险呢？“我可不想重蹈老板的覆辙，因为我要负责执行，”她考虑，“我不想让这个项目失败。”因为她和西海岸地区总裁有交情，也清楚这个总裁和自己的老板可以沟通，她建议库尔特联系这位总裁并且请求召开讨论购买的会议。案例中的这位支持者既有帮助公司提高效率的企业目标，也有发展自己事业的个人目的，那就是希望达到一次大的个人成功而避免尴尬的损失。

小窍门：你的公司是如何作出决策的

找出人们扮演的角色是件困难的事，对我来说很有帮助的一个办法是想想自己的公司内，最近一项大的决策是怎么产生的。

- 是谁作出最后决定？预算将受怎样的影响？（ROI 权威）
- 哪些人受到决定的直接影响，而且不得不执行变革？（用户）
- 谁在绞尽脑汁地确保决策的结果可以与现在的操作对接得天衣无缝？（整合者）
- 哪些人通过正式或者非正式的权力施加了重要影响？（权力掮客）这些人的其他身份是什么？（用户、整合者、守门员、ROI 权威）

复杂购买团队的结构

复杂购买团队中的每一位成员都有着各自不同的兴趣和目标组合。同理，任何一个复杂购买团队也因为成员结构不同而变得不同。一位成员可能具有多种身份，比如整合者也可能是用户；还有时，多位成员身份相同，比如在很多团队中包含着多位用户。结构范例请参见图 2-4。

注意图表反映出权力掮客的多重身份：他们经常是团队中具有其他目的的那些人，可能是用户、整合者、守门员或者是 ROI 权威。显然，你在面向复杂购买团队销售的首要任务是去找出其中成员的角色、他们的兴趣以及他们各自不同的影响力。

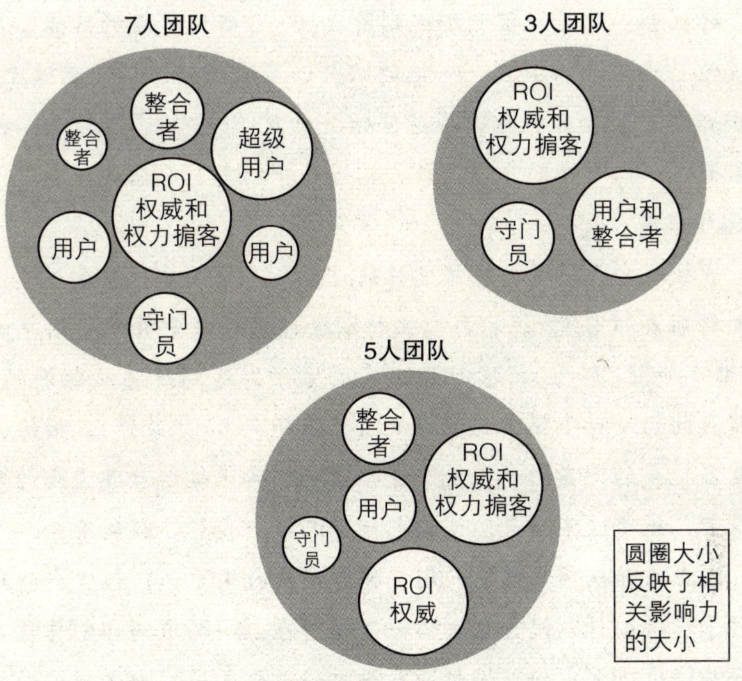

图 2–4 购买团队的结构案例

内部争斗可以毁掉一笔确定的单子

本章一开始，我提到我的第一笔销售（以及随后的培训）进行得非常顺利，但第二次销售却以失败告终的例子。这个案例提醒我们要关注复杂购买团队中的所有成员，特别是支持者和反对者。下面是该案例中的更多细节：

按照推荐人所推荐的，我联系了诺姆，他是一家总部设在纽约，主营业务是为财务机构提供信息管理系统操作、安装、设计服务的公司的销售副总裁。诺姆和他的区域销售经理们决定为50位大客户销售代表提供销售培训，并已经开始对选择方案进行评估（我偶然获知除大客户销售代表之外，该公司还有150多名区域销售代表）。

好机会！这是一位刚刚达到阶段3——研究阶段的目标客户。诺姆说他将委任帕特丽夏——他的旧金山区域销售经理负责这个项目，用诺姆的话说后者将为寻找最佳销售方案“跑跑腿”。我和帕特丽夏见了面，认识到她的身份是权力掮客和守门员。而诺姆，我将他假定为ROI权威。

我按照自己通常的销售过程前进，与一位用户代表会谈（他直接向帕特丽夏报告），然后再与帕特丽夏碰面来敲定并扩充用户的需求（销售角色2：医生），同时抛出我的方案，达到既满足他们的需求，又将我的两个对手踢出局的目的（销售角色3：建筑师）。最终，帕特丽夏在把我的方案同其他几名竞争者的方案比较之后成为我的坚定的支持者，她将这些情况向诺姆进行了汇报，我最终顺利签约。

在正式开始培训的前几周，帕特丽夏打来电话，催促我将我的公司信息和培训计划报告给吉姆——她所在公司的市场部副总裁。这还是我头一次听到吉姆。帕特丽夏说吉姆很生气，因为这项培训的费用将出自市场部预算（这也意味着吉姆才是真正的ROI权威），而且在选择销售培训公司时，却没人征询过他的意见。帕特丽夏说我被卷入吉姆和诺姆的权力斗争之中——市场部对决销售部。我赶忙把信息发给吉姆，并且不停地给他打电话，但毫无回应。

最初确定的培训还得进行，几周之后，我和同事向那组50位大客户销售员提供培训，并取得了非常好的反响。吉姆也参加了，甚至还和我共进午餐，并在席间对项目赞不绝口。理所当然地，我也就对赢得接下来更大的合同很有信心。

几周过去，我得知诺姆被解雇了（显然吉姆在权力斗争中获胜）。吉姆接管了培训150人销售团队的工作，而且再一次对我的电话不理不睬。他和三家培训公司的工作人员碰头，当然这里面不包括我。即便我们公司通过第一次培训深入了解了他的企业的需求，证明了我们的实力，而且得到其他地区销售经理们的热烈支持。

帕特丽夏已经失去了作为支持者所具有的实力，加之销售部副总裁已经离去，所以，即便我取得了其他地区经理的大力支持，亦对吉姆产生不了任何影响。他已经成为一名反对者，我原本稳操胜券的第二笔买卖一下子岌岌可危。

这一切是怎么产生的呢？这个例子中涉及的所有人都失败了。我丢了买卖，吉姆选择的培训项目没有能重现之前的辉煌。因为地区销售经理对没能参与培训项目选择的决策很是恼火，培训项目也就没能取得他们的支持。吉姆在经理层和地区销售管理层都失去了公信力，资金和时间都浪费到没有效果的培训项目上。最终导致他失去了所有的销售决策控制权，销售能力因为培训项目推迟1年6个月而丧失殆尽，这种局面直到一位新的副经理上任才得到改善。

我从这次经历中学到的重要一课是：内部政治斗争可以毁掉一项确定的销售，所以我需要对内部斗争变得更加敏感。同时，我还学会向目标客户提出一个关键的问题，借此帮助我识别谁是真正的ROI权威：**谁的预算将受到影响？**

至少应该避免的4大失误

判断学习型购买过程中每个团队成员分别处于哪一阶段非常困难，使得会有多种失误可能导致复杂销售失败。因此，要掌握面向复杂购买团队的销售策略，首要的一步就是学会如何避免常见的重大失误。

失误一：把所有的赌注放在一个人身上

我已经无数次目睹过：销售员与一位目标客户会谈得相当成功，踌躇满志地离开，接下来理所当然地围着这一个目标客户打转。他们满以为这次销售非常简单，相信他们的会面可以确保销售成功。将复杂的问题简单化，这是人类的思维倾向。

在一项复杂销售之中，除却人际关系外，你最有力的武器就是获得的信息。正像定义中的那样，复杂销售包含多人在内，如果只是和一个人接触,那你就放弃了一个非常有利的武器。你需要寻找第二位决策者，然后是第三位、第四位乃至更多。如果你懂得慢下来寻找其他决策者，你就会对客户的真实需求了解更多，有助于让你的客户买得快一点。

失误二：认为需求已清楚地定义

能否赢得销售订单很大程度上取决于是否能完全了解客户的需求，但可千万别指望客户会自己主动把这项工作完成。迈克尔・M・隆巴多和罗伯特・W・伊辛格的管理层用书《提高自己——发展与指导指南》中引述很多不同研究成果。结论是：90% 以上的中层管理人员存在的问题是不明确，既没有搞懂问题的实质是什么，也没有得出明确的结论。而且一个人在组织里地位越高，这个问题就越严重。

不明确意味着复杂购买团队中的多个参与者对问题和方案的定义各不相同。你可以把这种缺乏工作明确性的状态变为你的优势，前提是你能接近团队中的多位成员，而且在过程中让他们认识到不同的人看待问题或机会的方式各有不同，那时再解决不明确的状态，使客户对他们的现状有更明确、完整的印象，对他们的问题和机会有更深入的理解。你得到的内部消息会极大地增加赢得销售的概率，因为九成以上的销售员是靠准确把握客户的问题而胜出的。

失误三：见到高层却无话可说

当今的销售读物充满着大量如何向高层人员（首席执行官、财务总监、首席信息官等）销售的内容。但不幸的是，太多的销售员把注意力放在如何接近高层人员，但真的见到这些人时却发现讲不出什么有价值的东西。他们不能谈笑自如是因为对客户存在的商业问题缺乏深入的理解。

与通常的观点相左，如果你与第一位决策者的会谈很有成效，我认为**接下来最合理的步骤应该是下到组织底层，拜访用户进行观察并找到实际工作中的需求**。从用户层收集的有关客户问题的第一手信息将会使你面对高层时更有说服力，这对明确某些客户没有意识到的需求来说也是一个好办法。

失误四：与守门员树敌

守门员的主要工作可看作是阻止你“骚扰”其他复杂购买团队的成员。如果你试图欺负行政人员等“守门员”或者绕过他们，会让局面变得更糟糕。

要记住守门员从客户的角度来看扮演至关重要的角色，你肯定不想把他们惹恼、让他们发火，然后使他们阻止你与团队的其他成员接近。我的建议是善待每一位守门员，不要管他们的头衔和职位，就像你是位高层管理人员一样，循循善诱，不疾不徐。

如果一位守门员在你获取信息时总是充当障碍物的角色，你可能会试图绕过他，但绕过守门员常会事与愿违，对你没有什么帮助。所以你要做的应该是学会与他们友好相处的策略，而不是对付他们的招数，达到既维护他们的角色,又能给你接近目标人群和获得信息的机会的目标。

有多种途径可以实现这一目标。第一个办法是**向守门员提一些他们无法回答的问题**。例如，杰克提供物品运输服务，他总是先接触到货运经理，他们在购买团队中扮演用户兼守门员的角色。货运经理主要关心最终的运出货物开销，而不是运来货物的开销，杰克的服务涉及这两种开销，但他问货运经理关于进口物品的产量和储藏的问题，因为货运经理无法回答这些问题，杰克就得到了见生产经理的机会，也就借此绕过了守门员。

如果你问的问题对于了解目标客户的需求很有分量，你就极有可能从守门员那里得到面见掌握答案那些人的通行证。在购买过程中越早做到这些，见到高层的可能性也就越大。

第二个办法是**从其他人那里收集信息并将结论反馈给守门员**，代表守门员进行工作。你还可以问守门员是否可以陪你一起参加与团队内的其他成员的会谈。

第三个办法是**用涉及高层决策者的利益说服守门员，让你见到负责购买的高层**。举个例子，你的守门员没有掌握预算权或负有财务责任，有关财务的问题将让你更容易见到公司高层的人物。

第三章　**面对多个决策者的销售艺术**

「每个人都有他自己的购买过程和购买标准」

玛格丽特销售一种可以缩短开发宣传资料（电邮、广告等）所需时间的软件，这一软件可使她的客户更容易瞄准更多具体的客户群体。该产品主要面向大的零售商，解决他们在市场、广告、零售、销售部门存在的根深蒂固的沟通困难问题。为了更有效地推销该产品，玛格丽特的策略是逐个接近每个部门，帮助他们认识到如果使用她的软件，部门状况会有极大的改善。

正如玛格丽特掌握的，当面对一个复杂购买团队时，你必须记住**每个人都有他自己的购买过程和购买标准**，而这些会被他们及部门各自的利益所影响。在任何时候，不同的决策者都将可能处于购买过程的不同阶段。

要想赢得复杂销售，你不仅需要有确定参与者都包括谁的本事（第二章），还要针对所有的参与者和他们所处位置来制定策略。在这里，“慢一点”意味着将注意力投向复杂购买团队的每一个成员，以便你可以发展更多的关系，取得较竞争者更多接触信息的机会。

本章将阐述应对复杂购买团队的主要知识：要提问的问题、要掌握的根本技巧、要运用的策略。此外还提供更多内容来介绍应用第二部分所阐述的个人销售角色。

不得不考虑的问题

在任何与复杂购买团队相处的时候，你需要明确销售中的有利因素、不利因素，以及你能做什么来获得优势。这些观点需要通过以下问题来获得。

1. 谁会参与决策？他们正处于购买过程的哪一环？一位购买过程的影响者可能正处于比较环节，已经确认需求，确定了决策标准，并准备比较待选择方案。其他购买团队成员或许还在质疑事情是否已到了需要采取某些措施的地步。

2. 谁是最有影响力的决策者？他们将在购买过程中哪一阶段参与进来？购买团队中的不同成员对决策有着不同程度的影响力，有的会在整个过程施加影响，而有的则只在几个阶段起作用（正如第二章里帕特里夏的老板，高层通常在最初表现活跃，但接下来会退出，将影响力交给权力掮客）。

3. 每位决策者希望得到什么？他的问题或需求是什么？你必须确定每位决策者想要什么。你需要考虑的因素要包括每位决策者的工作的衡量标准，这对于判断购买团队成员放弃这项购买的原因很有参考价值。其他因素还包括你的产品和服务能为每位决策者所解决的具体问题，以及你的方案为什么比你的竞争对手的方案更有优势。

4. 最有影响力的决策者对于你的公司和方案的态度如何？这些人如何看待你的组织、你的方案以及你的员工？他们之前是否和你有过正面积极的交往？他们同你的对手合作的情况如何呢？他们是否和你有过不愉快的经历？是否同你的对手有过不愉快经历？

通过将上述问题反映给你的支持者，你很容易获得大部分问题的答案。其他一些答案的获取就需要更加间接的技巧了，你要尽可能多地与复杂购买团队的其他成员取得接触。

复杂销售的 3 个技巧

在复杂销售中，购买团队中的成员之间会互相沟通，销售中的大部分情况发生时你可能并不在场，所以，你希望购买团队中的成员能够将你的方案互相推销，这就需要你学会如何识别并应对每一个购买团队的人。其中你应该掌握的关键技巧有：

- 尽快与多个决策者接触。
- 确定对于每位决策者而言最重要的是什么。
- 知道每位决策者正处于购买过程中的什么位置。

技巧 1：尽快与多个决策者接触

如果你能尽快同参与决策的多数人进行沟通，显然你会对目标客户的决策过程有更多的理解，也就具有更强的说服力。从多位决策者身上获取信息将让你的销售方法变得不同。

• 特别地，在销售开始时尽量接近 ROI 权威。这一点之所以重要有两个原因：①就像我将在本章后文详细论述的，ROI 权威将在你正式进入后退出，直到最后你才能再有机会见到他；②守门员到位之后，与 ROI 权威接触会变得困难。

• 虽然多数情况下，并非由用户作出购买决策，但终究会由用户来实施这些变革。如果你能展示出对用户的需求有着完全的理解（对其他决策者的需求也同样完全理解），你认为自己的方案是购买者最佳选择的判断无疑会更有说服力。

另外一个尽快与更多人接近的理由是你并不知道谁是 ROI 权威、权力掮客、关键用户等角色（实际上，整个购买团队甚至可能还未组建），和更多的人接触将使你在决策阶段早期争取到他们中的一个人或多个人支持的概率增加。这还将帮助你认识到哪些人对哪些问题感兴趣，以及团队内的权力运行情况如何（这将指引你找到权力掮客）。**在复杂销售中，越早知道自己不知道的、需要学习的东西越好。**

技巧 2：确定对于每位决策者而言最重要的是什么

正如第二章讨论过的，团队中的每个人都有着不同的关注点，如果其中一些人具有多个角色，他们还将有多个关注点。你需要磨炼的技巧就是学会如何使用这些信息，去帮助他们理解你的方案对他们的有利之处。

例如，本章开始介绍的玛格丽特，作为一名软件销售代表，通常先与市场部的副总裁接触，接下来是采购部。为什么呢？因为玛格丽特的软件将缩短开发新广告的周期，采购部必须提前采取措施来及早应对。这种需要预先做大量工作的要求会使采购部成为她的反对者。为了消除阻力，玛格丽特要马上到采购部，帮助他们认识到他们将如何由此受益：额外的准备工作将使他们开发出更有效果、更能带来利润的广告，并能防止之后的过程中发生现在他们遇到的各种问题。

这些提早的接触将帮助玛格丽特掌控需要的信息，她能说明采购部碰到的她的软件可以解决的问题，这将在内部有人开始散布类似"公司正考虑的那套软件将加大工作量"言论之前将软件的价值定位传达给对应的人，进而帮助她有效消除很多反对者的威胁。

技巧 3：知道每位决策者正处于购买过程中的何处

正如早先提及过的，在任何时候，复杂购买团队中的每个成员处于购买过程中的不同阶段。图 3-1 展示了具体的例子。

- ROI 权威经常在阶段 2（不满）后退出，直到团队准备作出决定时重新出现。他基本上只出现在需求阶段（变化或是不满），直到将要作出决策时才被拉回到购买过程中来。**这就是为什么销售中价格敏感度出现得如此之晚**——掌握预算的人很晚才回到台面上来，可能才刚刚对实际支出有所了解。

- 用户可能在不同的阶段出现。其中一些用户将比其他决策者走得更远，特别是那些第一时间提醒他人关注需求的人（如图 3–1 所示的用户 1）。一些用户可能刚刚注意到强调的问题（图 3–1 中的用户 2）。还有一些用户对任何改变均极力抵制。
- 整合者一般在阶段 3——研究（需求被认可）之前不会出现，他们将确定技术标准，确保购买方案与组织的其他部门的需求匹配。
- 守门员通常在阶段 3（研究）到阶段 4（比较）中产生，有时但不是经常，守门员通常就是找到公司存在问题的用户，他们将沿购买过程走得最远。
- 权力掮客通常在购买进程中谨慎行进，有时他们会落在其他决策者的后面，但会较 ROI 权威走得靠前。他们通过争论或者温和的方式来判断其他人的目标和态度，向其他人表达观点，促使产生最终共识。

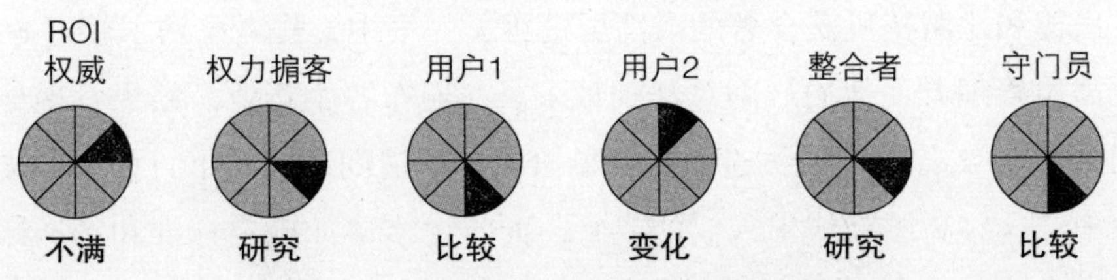

图 3–1　不同购买阶段中的团队成员

认识到不同的人处于不同的阶段将有助你更好使销售行为与他们的购买需求相适应，处于阶段 2（不满）的购买者需要在认识问题及问题严重性上得到帮助（适用医生身份）；而到了阶段 3（研究）购买者则需要你帮助他设计方案（适用建筑师身份）；在阶段 4（比较），你需要证明自己是最好的（适用教练身份）。对于处于阶段 5（恐惧）的购买者，需要你帮他们从恐惧中摆脱出来（适用治疗专家身份）。

找出决策者处于哪一阶段的秘诀是**简单地问上一句“你现在处于决策过程何处？”**虽然他们不太可能使用本书介绍的专业词汇（如“怎么说呢，凯文，我刚刚从不满阶段过渡到研究阶段”），但他们将用其他表述方式，同样给你有价值的提示：“我们刚开始”（不满阶段）“我们研究过这个问题，现在明确了该做什么”（研究阶段）“我们在下周前要提交给管理层三份提案”（比较阶段）。其他秘诀将在接下来的销售角色各章中涉及，你还可以通过你的支持者来帮助你作出决定。

找准时机抓住决策者

当面对复杂购买团队时，搞懂各成员的类型以及他们彼此间如何相互影响是两个关键点。除此之外需要知道的是，不同成员的活跃程度取决于他们处于购买过程的哪一环。例如：

• 出现在大宗销售中的 ROI 权威往往是高层管理者，他们往往在购买过程之初——需求阶段表现活跃，帮助团队认清问题、树立目标。在里德和比斯特里茨合著的《高层销售》一书中，作者采访了超过 60 位高层管理者，他们从副总裁到董事长，遍布各个行业，结果发现他们中的 80% 曾参与购买过程的开始阶段，理清问题并定下目标。但接下来，这些高层就淡出人们的视野，而将更多诸如确定标准和选择评估等事项交给那些更接近实际工作的人员承担。作者引用其中一位高层管理者的话说：“我只参与解决什么和为什么，但对如何解决就不过多涉及了。”这意味着如果你想说服高层管理者，就必须及早参与购买决策中去，帮助你的客户更好地认识到问题并明确需求。

• 至少有一些用户，特别是那些影响力较大的用户，在整个购买过程中都进行参与。用户层通常是最早发现问题（或至少是问题的苗头）的地方。

• 整合者，作为确定卖方必须满足的技术性购买标准的专家，通常在研究阶段后，即需求已被明确之后参与进来。他们要做的是，在比较阶段评估不同供应商的表现和技术标准。

• 守门员一般在比较阶段前不会被指定，因为只有在那个时候，整个过程对决策者而言才会成为一种负担（这时多个卖家会试图直接联系他们）。也就是说，如果你制造了销售机会，你就需要在变化或是不满阶段进入购买过程中，那时守门员还没有出现，你可以直接联系到其中的一些决策者。但如果你是在中途进入购买过程中，你就得做好通过守门员的准备了。

让销售与购买团队的动态相契合

表 3–1 将前文阐述的信息整理成购买决策中决策者是如何进行参与的模式，可以将这张表看做是大致的指引，你需要的改变取决于你的目标客户的动向。你必然会遇到我所列举事件的意外情况，但这张表会引导你在购买过程中，针对每一阶段需要联络的决策者制定策略。

接下来让我们通过表 3–1 了解购买团队在购买过程中的每一步将发生什么，以及销售员该如何应对。

表 3–1　不同决策者的活跃阶段

	1. 变化	2. 不满	3. 研究	4. 比较	5. 恐惧	6. 承诺	7. 期望	8. 满足
ROI 权威		×				×		×
权力掮客			×	×	×	×	×	×
超级用户	×	×	×	×	×	×	×	×
用户（实际操作者）	×	×	×				×	×
整合者			×	×			×	
守门员				×	×			

第一阶段：变化。用户和超级用户将是最早注意到变化正在发生的一批人，因为他们每天在第一线处理变化带来的影响。你需要懂得影响目标客户公司的变化是什么，接下来会怎么发展。归根结底，去强化客户不满的严重程度。

第二阶段：不满。和一位用户（最好是超级用户、部门的中高层）聊一聊，揭示他们的问题，这样才能查明他们的需求。接下来说服用户安排一次包括他们、你以及 ROI 权威参加的会议，以便你能和他们分享你的分析结论。如果你不能面见 ROI 权威，那么问清谁可以代表他，谁是 ROI 权威的“左膀右臂”。努力去和这些人会面（他们极可能成为权力掮客）。

第三阶段：研究。像表 3-1 所标注的，ROI 权威将在这一阶段或之前退居幕后。将研究与评估方案的责任全权交给那些最可能成为权力掮客的一些人。而权力掮客则会来找出整合者（技术专家），后者将制定技术需求，保证新旧技术达到无缝兼容。用户提供可用作考虑标准的建议（实际操作的用户之后会退出，而超级用户则继续跟进），你的任务是盯住整合者和权力掮客（不一定要在同一次会议中）。**如果你不能接触到权力掮客，那就瞄准整合者，别总是和用户“黏”在一起。**

第四阶段：比较。在这个节点上，守门员将找出你并且告诫你“从现在开始，必须先过我这一关”。如果守门员还是一位具有影响力的决策者，而不仅仅只是过滤电话的人，他就极有可能在这一阶段与你的竞争对手会面。在销售展示或提案会议上，权力掮客将主持会议，整合者和守门员多会悉数出现，实际操作的用户则经常见不到人，因为公司希望他们待在办公桌前干活，而不希望他们对正在考虑的投资细节了解太多。如果 ROI 权威能够出现，那你就交了好运了。

反对者会在你展示时亮相，不停地问这问那。对此你有两个选择，如果他们的偏见是主观的，就开诚布公地把他们引入针对需求的客观讨论中（下一节将有关于这一策略的例子）。另外一种做法是问：“你介意会后留下来和我一起讨论吗？”这将防止反对者扰乱你的销售展示。

第五阶段：恐惧。当疑虑和担心来临时，最关键的是要和你的支持者保持沟通，调查清楚购买团队毫无反应的背后发生了什么。最理想的是你可以按照本书后文所给的建议，在展示会后找到借口同决策者进行一次面谈。（见第八章）

第六阶段：承诺。权力掮客或者采购经理带头开始与你协商购买事宜。你必须准备好最有说服力的证明，来让客户相信你是最佳选择。

第七阶段：期望。这一阶段主要是执行，由整合者统领全局，你的方案必须达到技术性兼容的目标。用户们也重新出现，因为他们必须学会如何操作你的方案，在这一过程中要改变原有的做法，一定要确保得到他们的支持，否则他们会对执行进行破坏。权力掮客仍会参与其中，因为这次成功是在他领导之下的结果，如要购买失误将让权力掮客陷入难堪的境地。

第八阶段：满足。ROI 权威将急于了解投资回报。这次投资达到的结果是什么呢？这正是你接近他们的时候了，建立一种可以经营数个月、数年关系的机会随之而来。

懂点公司政治

要赢得复杂销售，你必须成为一名精明的战略家。需要掌握的两项最重要的策略是化解反对者的威胁和在管理层中建立信用。

化解反对者的威胁

避免对立是人类的天性。但在复杂销售中，销售人员必须面对影响取胜的最大威胁——反对者。最好的消除反对者影响的策略是主动出击。确定谁在反对你，衡量其影响决策的能力，采取行动化解威胁。

下面是个具体的例子：胡安妮塔销售一种可帮助企业追踪外勤人员生产率的无线设备。她在开始销售展示的前几天与生产部副总裁（一位强有力的支持者）通电话，询问是否会有人对她的方案提反对意见（你该在任何一次销售展示前向支持者提出这个问题，因为你的对手的努力，在复杂购买决策中决策者的选择都可能变动）。经过一阵子的沉默，这位副总裁开口了："嗯，我们的 IT 总监支持你的一个对手。"

因为胡安妮塔提前了解了潜在的威胁，她做了相应的准备。在展示一开始，她就转向这位 IT 总监，直接问道："对于这次决策您的标准是什么？"这位 IT 人士说出来一堆的标准，胡安妮塔将它们记在挂图上并让每个人看见，接下来，她一一说明她公司的方案如何达到甚至超过这些标准。通过将反对者的标准当众展示，胡安妮塔展示了自己的方案完全可以达到这些要求。反对者对胡安妮塔的个人偏见至少在其他决策者眼里被消除殆尽。最后，她赢得了这次销售。

沿企业阶梯攀登之前先要下行

在《高层销售》一书中，尼古拉斯·里德和斯蒂芬·比斯特里茨认为接近管理层最有效的办法就是有一个内部的举荐人。84% 的高层管理者承认他们将"经常或者总是"与一位通过内部人员推荐上来的销售员举行会谈；无预约的销售电话的接受程度则最为靠后，只有 20% 的高层管理者认为他们会为此安排会谈。

这一发现，为那些曾翻阅过无数告诫你要尽快接近高层管理者的书籍的人提出了一个两难问题。这就是第二章中所描述的，你在现代销售中遇到的令人困惑的情况：**接近管理层最好的办法可能是在沿着企业阶梯攀登之前先要下行**。为什么呢？因为下行将让你对公司的需求和挑战有更好的理解，并能为日后你与高层管理者沟通提供更多的材料。

譬如说，你一开始成功地和一名超级用户会谈，他是一个部门的负责人。会谈进行得不错，目标客户表现出实实在在的兴趣。所以你就会问：

“您还需要去和谁沟通这件事？”这位超级用户告诉你，争取到营运总监的支持是关键，因为她掌握预算开支。

你不应该马上与营运总监请求会面，要与超级用户请求分两步走：先是允许你可以到公司底层的员工那里去观察，分析需求。接下来才是与超级用户和营运总监预约会面，报告给他们你的发现。

如果你满足以下两条标准，超级用户将极可能同意你的提议：第一，你现在已帮助超级用户认识到存在的问题的价值；第二，超级用户很有信心，认为你与营运总监会谈的焦点集中在问题分析而不是推销产品将会有很好效果。在这些条件下，将你作为一位外部专家（即在其他公司也遇到过类似情况的人）来与营运总监碰面就符合超级用户的个人利益，进而将安排你分享你对该公司的第一手观察资料。

拿到复杂销售的单子需要技巧

复杂销售中取胜是困难的，复杂销售往往是大宗买卖，而且你的对手也同样虎视眈眈，单凭简单的欲望和强大的意志不能保证成功，要想取胜还需要有超过你对手的更有效的策略和战术。而你的方案能为客户所带来的积极影响，也将彰显你的过人之处。

复杂销售的困难之处还在于：每位决策者都有他的学习型购买过程。你需要掌握的是，学会如何让每个人更快更好地完成购买过程中的每一步骤。在接下来的章节所介绍的销售顾问角色将给你提供一套策略，借助它可以使每位决策者对你和你的方案赞不绝口。

第二部分
8种角色唱一出销售大戏

借助 8 种角色开始销售

虽然懂得人们为什么购买和如何购买非常重要，但仅凭这些还远不能帮助你取得销售胜利。更重要的是，你还需要一套方案，能在任一决策者购买过程中的每一阶段为他们强调什么才是重要的。

第二部分的结构仿照第一章引入的学习型购买过程，并将其中的销售轮盘图引入其中。在这一部分的八章中，每章的开头对应客户学习型购买过程的一个环节，第二部分讲解与之对应的销售角色。

正如我在第一章讲述的，销售角色——学生、医生、建筑师、教练、治疗专家、谈判家、老师、农夫，形象地归纳了在每个购买步骤上你作为销售员可以帮助客户所做的事。弄懂这一匹配关系将帮助你制订必胜的计划。

所有章节的目的都是帮助你回答三个问题：

1. 每位决策者位于购买过程中的哪一个环节？

2. 为将购买团队成员推动到下一环节上，我该扮演哪种角色？

3. 我希望目标客户在下次会谈结束前采取哪些具体行动，在什么时间之前采取？

简而言之，我希望能帮你在认识客户所处位置问题上更具洞察力，在采取行动帮助他们进入下一环节上更有效率和效果。

虽然必须了解购买的 8 个步骤以及与之相匹配的 8 种角色会在一开始令人生畏，但这里有一个已帮助过很多人的小窍门：当整体考虑问题时，整个学习型购买轮盘就是一个有关**问题的模型**。用不同的角色名来阐释问题的用意在于帮助你意识到该问自己和目标客户什么类型的问题（图 1）。

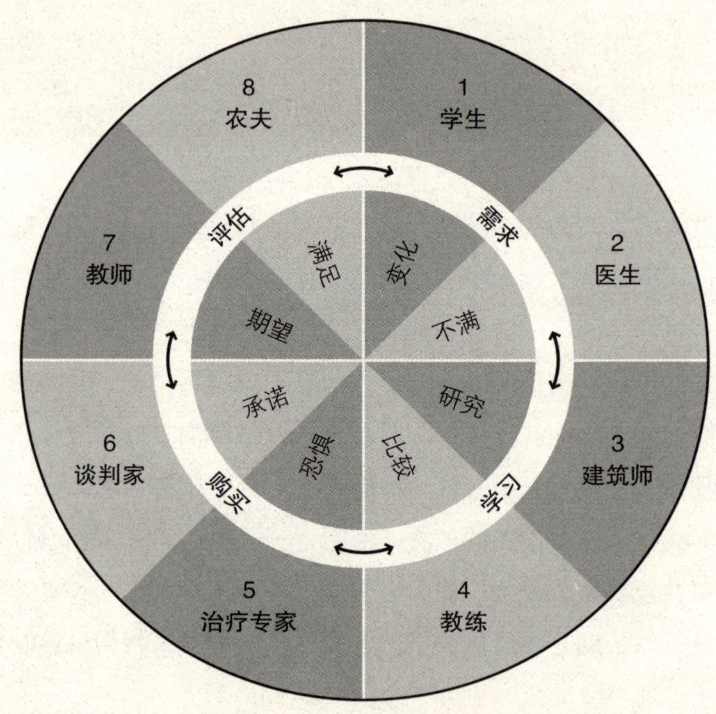

图 1 销售轮盘

一开始扮演这些角色会很不适应，因为你可能一直接受着与客户接触后马上进入自己轨道的训练。学会慢下来查找客户的意图需要时间，尤其是在开始提问第二、第三层次的问题时，你通常会感到严重不适。试着将这些不适想象为成长的阵痛，它们将帮助你将技巧提高到更高的层次。

让客户沿着购买过程不停地移动

在8种销售角色中，你会发现4个“节点”——销售过程中的4道关卡，这些节点涵盖了从取得第一次演示的机会到方案实施各方面的内容。在每个节点上（实际上，应该是每次和客户联系时），我希望你不仅能考虑自己得到的成果，更要考虑该建议客户做些什么，让他们不停地沿着购买过程移动。

听上去很容易？没这么简单。在我举办的研讨会上，我们曾做过这样的练习：让销售员想一下已确定的三次预约，然后让他们回答：“你登门拜访的目标是什么？”在最近一次的研讨会上，我收到的回答可归纳为：

- 创造一种需求
- 探讨客户的营销目标
- 展示我们的总体实力
- 与联系人建立互信关系
- 找出决策者
- 获得购买承诺

仔细看看这些“目标”，“获得购买承诺”与其他回答有何区别呢？区别是，它是唯一一个需要客户采取行动的，而其他的均只是需要销售员做的。对我而言，这又是一个很好的例子，销售员对他们要做的事关注太多，而对客户的哪些需求能推动他们的购买流程考虑又不够。

在每次登门拜访或会谈前需要问自己的关键问题是：**这次会谈结束时，我希望目标客户同意采取什么具体行动**？要想让这一切成为现实，仔细想一下你的客户在购买过程中和购买结束后使用你的产品和服务时的行为。然后考虑现在的目标客户处于购买过程中何处，怎样使他们走得更远甚至直接跳到下一步骤中去。这就是我所讲的**客户继续下一步的**

承诺的含义。

例如，一个控制阀门销售团队列出了他们的客户在一次典型的购买过程中的目标：

- 将我们介绍给另一位决策者。
- 允许我们进入公司的生产现场来实地对需求作出分析和评估。
- 邀请我们同另外两位决策影响者见面，与其分享我们对该企业需求分析的成果。
- 答应对我们的工厂或正在使用我们的控制阀的客户来工厂进行参观。
- 答应联系我们的客户询问使用我们的产品的情况。
- 参加销售展示。
- 同意和我们的销售员举行一次 45 分钟的会议来评价我们的销售提案。

第一个动作“将我们介绍给另一位决策者”是你希望处于阶段 2（不满）中的客户采取的，以便能将他们向着阶段 3（研究）移动得近一点。最后一个动作评价销售提案标志着客户处于阶段 4（比较），这是在前往阶段 5（恐惧），以及最终到达阶段 6（承诺）之前必不可少的。

还需要注意到销售员每个动作代表着客户也要有所动作。例如最后一个动作，不仅仅是销售员准备一次提案，而且客户要利用一次 45 分钟的会议来审查提案。

我还将在接下来的数章中探讨如何将这些目标巧妙地融进你和客户的交流中去，同时，你可以在打下一个销售电话前，开始考虑应用这些提示。这次电话的目的是什么？你是否有要在电话中做的事情，还是需要你的客户接完电话后去做一些事情？

一旦你获得了承诺，得知你的客户正采取行动，他们就会越来越深入地参与进来，在这次的购买决策中投入大量的时间、精力，并对你表现出浓厚的兴趣。如果你能最终说服你的客户作出购买过程中的重大承诺，那也就完全可能按照同样的方法去获得客户一些稍小的承诺。

小窍门：通过客户行为衡量成功

当你奋斗在销售和购买过程之中时，要以每次接触（电话、会谈、邮件）后客户的行为，而不是你的行为，来判断接触是否成功，将这一行为养成习惯，你将逐渐习惯从客户的视角观察整个过程。

开始销售前的准备工作

要开始应用这些以购买为中心的销售步骤，你需要在下一次电话交谈或面对面约谈前做好以下准备工作：

- 确定是目标客户正处于购买进程中的哪一阶段。表1“各购买阶段客户的特征”将总结一些典型的线索来帮助你开始。
- 以你对客户位置的判断为基础，使用对应的章节来帮助你列出至少五个希望提问目标客户的问题。这些问题是你在阅读本书前没有想过的。
- 假设你的分析是对的，仔细考虑一下在电话或是会谈中你该做些什么，来让你的客户移动到购买阶段的下一环。此外，要有一个备选方案，以防他们并不在你认为的购买阶段。

表1　各购买阶段客户的特征

学习型购买阶段	客户的典型特征
阶段1：变化	客户的行业发生变化 客户的组织内部发生变化
阶段2：不满	我希望我们能…… 我们不能…… 如果能……就好了 多少钱？大概花销是多少

（续表）

学习型购买阶段	客户的典型特征
阶段 3：研究	询问你方案具有的效果 谈论适合他们的方案一定或应该如何
阶段 4：比较	你的产品或服务与众不同之处在哪 为什么我要选择你 发送征求意见书 要求你做正式的产品演示
阶段 5：恐惧	提问的问题显示对购买有了其他想法 对之前已解决的问题老生常谈 用非语言的信号表达否定一切的态度 沉默寡言 提出不现实或者不合适的要求 对原定的进行下一步的承诺迟迟不决
阶段 6：承诺	对你提供的合同细致审查 抱怨你的价格过高
阶段 7：期望	要求你对方案实施提供协助 告诉你方案似乎不起作用——或者至少他们无法让它起作用
阶段 8：满足	告诉你他们很满意，取得了想要的效果 展示对于所购买的产品使用的熟练程度

这就是你的出发点，在购买进程中的每一步骤上掌握最新的“五个问题”，将它们运用到你下一个、再下一个客户身上。当你对一套问题设计比较满意的时候，继续这一步骤，为一个角色增加越来越多的问题。这就是我讲的“慢一点”（那样你才能提更多的问题），“卖更快”（因为你在分析客户需求并组织相对应的方案上做得越发出色）的真实含义。在每次与客户接触前做类似的准备工作将极大地提高你的销售效果，因为你的每一次访问都经过精心准备，说服力更强。

第四章 **学生**

「用知识获得优势」

具备在所提供的服务中加入附加值的能力，是当今销售服务成功的关键。要做到这点，你不仅必须对你的客户和他们所处的环境有很好的理解，还要在使你的产品和服务满足客户要求上下工夫。接下来的这个案例，是关于如何以从客户那儿得到的知识为基础确定客户需求，继而让你取得独一无二的优势。

卢是一家供应链管理公司的销售员，该公司拥有遍布世界各地的120个配送中心，运营超过2 800万平方英尺的湿度、温度可调节的仓库。卢所接触过的企业从事包括消费品、电子产品、食品饮料、加工以及制药等在内的多个行业，他的主要目标是让目标客户相信外包全部供应链或者是部分供应链能使他们更专注于核心业务。他需要拜访相当于物流副经理一级的人物，而不是低于这个级别的，如仓库管理员，因为他的方案可能让稍低层次的人失去饭碗。

一家总部设在卢所分管范围的大型饮料企业吸引了他的注意。他浏览了目标客户网页的“投资人服务”栏目，查看其最新的10-K表格（美国证券交易委员会要求披露的年度报告，内容包括公司历史、组织结构、管理层薪酬、产权、子公司以及经审计的财务报表)。他直接浏览标有“管理层关于经营结果的讨论”的章节，首先了解到的是，该公司认为自身竞争优势在于“完整的品牌所有权、装瓶及配送系统”，借此能满足大型零售商的需求，表现得灵活而且敏感。更为具体地，这种商业模式使得该饮料公司可以在“协调销售、服务、配送、促销及产品发布”方面较之其他对手更有效率。

深入阅读后，卢了解到由于在组织、销售以及供应链方面的裁员，该公司前一年度运营成本一次性支出5 700万美元，他们还关闭了位于美国西南部的一家配送中心，而卢的公司恰好在那拥有一个规模很大的仓库，所以，这可能是个机会。卢总共花了20分钟来研究公司年度报表，最后，他认为如果联系到对方的高级副总裁，他可以对该公司去年改革的一个或两个失败之处发表看法。

卢顺利地与对方的高级副总裁约谈，并最终获得了自己该季度最大一笔销售订单。客户后来告诉卢，当他与他们联系时，该公司正艰难面对西南地区的配送问题，关闭配送中心后销量有所上升，但相应给其他仓库和运输供应商更大压力。卢能够找到客户的痛处，他的一句“我们在西南地区有为数不少的配送中心”激发了客户进一步了解的兴趣。如果卢对目标客户关闭西南配送中心的事情一无所知，他就不可能获得第一次预约，也就更谈不上销售成功了。

虚心成为目标客户的学生

在客户的生活中，唯一不变的是变化本身。但在变化中蕴藏着帮助客户成长的机会，要想找到这些机会，你必须要虚心成为目标客户的**学生**。

在学校里的时候，你之所以学习是因为学业上的成就取决于你学的有多少。同样，在销售职业生涯中，你的成功取决于你对客户的研究工作完成得如何。当你的客户处于变化阶段时，你希望学到这些变化如何影响他们，并从中寻找你可以加入价值的机会。

你作为学生的目标是获得目标客户的一次 20 分钟的约谈机会，这就是你销售的主要内容，而不是卖出产品或是服务（至少目前还不是——记住第一章有关“销售过快”的告诫）。你必须搞清楚客户正在经历的变化，并通过表达你的产品或服务可以为他们解决问题来激发他们的兴趣，让他们乐意和你深入谈谈。需要学习的任务量的大小取决于你接触对象的层次高低、你能提供的利益实质等一些因素。为了达到本章目的，我们将假定你在打出第一个电话之前就做了相当多的功课，但从实际出发，你只是提前做了最低限量的研究，余下的那些功课留待确认约谈之后完成。

本章开始将探讨你的客户在学习型购买过程的第一步，以及探讨你该如何找出目标客户在经历哪些类型的变化，这些变化将为你的产品或是服务创造需求。

客户阶段 1：变化

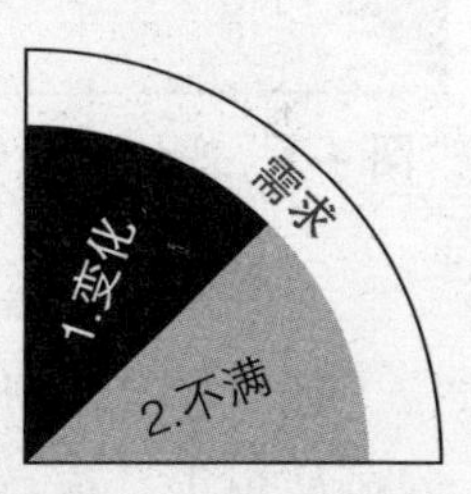

在变化阶段，你的目标客户发现他们的业务或是个人生活被外力或内力改变。这些变化促使新的或是不同的产品和服务的需求得以产生。各种可能促使目标客户考虑变化的驱动力如表 4–1 所示。

处于变化阶段的客户对他们目前的处境感到不满，他们隐约感觉到有些事情不太对劲（这时他们还不太可能把它当做一个问题）或是觉得机会正在从身边溜走。他们不知道的是有一个针对这些问题的方案，或者说有一种利用机遇的方法。这些都给你提供了进入的机会。

表 4–1　公司处于变化阶段的风向标

外　力	内　力
客户群变化	战略规划 / 目标的设置
政府法规	质量改进
竞争对手	成本削减
科技	重组
经济	

作为学生该如何获得对客户业务的深入了解

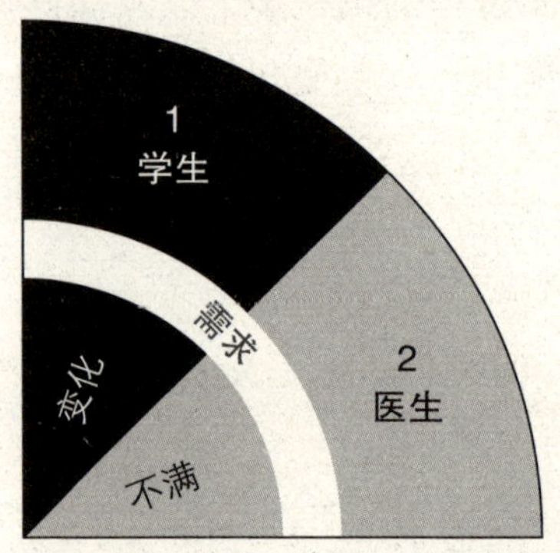

图 4-1　变化阶段学生角色

作为一名学生，你的本职工作是：

- **了解你的目标客户和他们的业务正面临的变化和压力。**明确企业和市场中的变化，并研究这些变化如何影响你的目标客户，伺机寻找你可向其中加入价值的机会。
- **了解客户的决策层级。**判断你将接触公司的哪一层级，努力向上移动一个或两个层次。

你花在学习研究上的时间多少取决于客户的潜在价值。如果客户潜在价值很小，你要做的功课就很少，就像浏览网站那么轻松；如果客户潜在价值很大，你就需要花费数天的时间进行分析了（图 4–1）。

对客户了解比竞争对手多一点

在你与目标客户会面之前，你能至少了解几件大多数销售员所不知道的这个人或企业的事。当你对目标客户的情况有了了解，你才可能建立一种长远的互信关系。你的这种了解清楚明确地告诉客户“我关心你的业务”。今天的客户需要感觉到自己很重要，所以同十个街头乱撞找业务的销售员相比，他们更愿意和一位对他们的业务有充分了解的销售员打交道。正如在本章一开始所讲述的卢的案例那样，他了解到目标公司正在经历着什么，这些给了他一块敲门砖。

正因为今天的买家都是大忙人，而且承受着更多的压力，他们也就不情愿花时间去教销售员了解他们的企业。他们希望销售员多做功课，对此给予销售员的奖励是和他们面谈的机会。

下面是为你专注于研究学习而设计的问题。搞清楚这些问题的答案将有助于你发现一些在与客户初次会谈时可提出的问题。

了解客户的业务

- 哪些未来的变化会影响他们的业务?
- 该公司现在的目标是什么？优先战略是什么？
- 该公司最近正在经受的重大变革是什么？
- 他们认识到的最近的成功和失误都是什么？
- 该公司的竞争对手有哪些？他们之间的差别是什么？
- 该公司业务如何进行？核心功能是什么？它们如何联系在一起？
- 你会选择从该公司购买吗？为什么？
- 你和你的公司产品和服务如何帮助客户的企业实现它的目标？

了解客户的人员（除非与客户公司接触，否则一些关于人员的信息无法获取，但也有一些信息是可以得到的，尤其是当你和一名高层管理者有来往时）

- 这位决策者的工作表现是如何得到评价的？这一问题的答案将揭露目标用户的个人动机。例如，一名销售副总裁总会想着提高销售量和毛利润；生产副总裁希望解决产品质量问题和提高生产水平。

- 从一名成员的职业角度来看什么是最重要的：过去的工作、教育背景、行业背景还是回报？
- 公司成员力图实现的东西是什么？
- 公司成员为内部客户（员工）解决什么问题？为外部客户解决什么问题？
- 你能为这位目标客户解决什么问题？
- 这位目标客户有什么需要改进的地方可供你帮助他们？

小窍门：没有时间学习？

想要把握住所处行业的趋势和重大问题，可以看看相关的产业贸易杂志上的“编辑来信”。这些来信经常能反映出热点问题和新近涌现的经济和行业动向。

作为一条经验法则，我常常建议销售员去浏览目标企业的10–K表格或是投资人报告（加拿大常使用这个名字）来了解它的持续经营情况（季度报告也同样可用）。此外，我还要调查将要与之会谈的客户：在人际关系网上查询他们的资料，再使用谷歌搜索。这些研究会让你掌握一些个人信息，这可以用来发展关系——可能你和他正好是大学校友，都曾在同一家公司供职，对同一个人知之甚详等。

了解这些信息的效果是，可以让被你在夜里用电话吵醒的人在听到你讲的内容时也能全神贯注，你能谈论那些能持续吸引他们注意力的更有价值的问题。你知道什么会让生产总监彻夜难眠吗？什么又能让财务副总裁无法入睡？懂得这些让他们失眠的原因会使你与他们的接近更有效果。给你举个简单的例子：那些销售运输工具、铲车、传送带或是原材料的人如果在打电话时加上一句“我能帮助你改善生产状况”，就可能会引起对方的兴趣。但是，如果他们能将自己的产品和服务与困扰对方的具体事项联系起来，他们的话语将会更有威力和效果，比如“我发现你的公司去年运输成本显著增加……”

信息来源

知道该问什么是个不错的开始，接下来是学会去哪里寻找答案了。**如果你想知道关于客户的一些你的竞争对手所不知道的事情，你就该做些竞争对手想不到的事情。**

最主要的信息来源是网络，浏览该企业的网站是最普遍的做法，但可别局限于此。许多网站都载有企业信息，还有一些网站可以订阅特别的信息或是有关特定部门、企业的信息。

公司的 10–K 表格质量要好于年度报告，因为它们能提供更多的真实信息。它们是写给美国联邦监管机构而不是个人投资者看的，因此数据没有被粉饰过。它们对企业哪些业务开展正常、哪些业务开展不顺利提供清晰、简洁的描述，配合公司计划一起用于改进业务，是你研究客户必不可少的资料。

将你的三大目标客户的 10–K 表格下载下来看看，你就会理解我的意思。再次提醒你，如果你想知道关于客户的一些你的竞争对手所不知道的事情，你就该做些竞争对手想不到的事情。

了解企业的决策体制

另外一部分有用的信息来自对目标客户的决策体制的了解。一般而言，每个企业都由三层管理层组成，每一层关心不同的问题（图 4–2）：

- 处于最顶层的是高级管理人员，他们首要的关注点是企业未来发展，他们对今后 1 年、2 年乃至 3 年将发生什么最为关注。因为他们的业绩表现主要取决于季度盈利，他们仔细倾听核心功能层的管理人员汇报他们所负责的工作。

- 中间层负责核心业务流程，例如生产、销售、营销、运营和客服。如果你的客户想要胜过竞争对手，他们必须将这些核心功能发挥得比对手更有效率（低成本）或是更有效果（更好）。这需要解决运作中存在的问题。如果你的销售效果良好，你能帮助你的核心层客户认识到你的方案可以改善他们的竞争力，你的产品或是服务的价格就会不被太多考虑。
- 最底层为核心层和顶层人员的需求提供支持，并在需要时提供协助。支持层包括采购、会计、培训以及法务部。出售给这一层次的产品或是服务将被看作是商品，价格也就通常是他们最关心的。

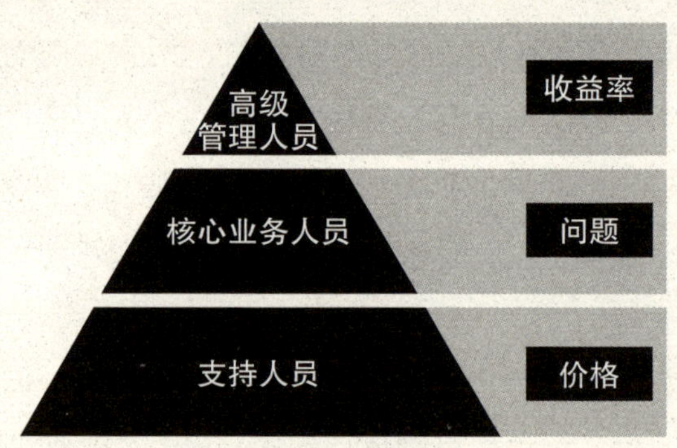

图 4–2　企业管理层次与关注点

奇怪的是，阅读本书的大多数人正要预约潜在客户，但他们一开始就至少将目标放在核心层。虽然面向组织中的最高层销售代表着最大的机会，但极少能有销售员销售的产品或是服务，使他们在第一次接触就能直接面见高层。而在金字塔的另一端，支持层员工主要关心的是价格，这导致销售员在处理以交易为目标的销售中会马上遇到麻烦，因为价格在此时是主要的决定因素。

本书的一个目标是帮你沿着企业阶梯拾级而上——同高管或是他们的下一级敲定合同。但我认为本书的大多数读者将起步于核心层，咨询型销售——关注于解决问题和抓住机会的销售——将占主导地位。核心问题在公司内具有连锁反应，能带来既严重又广泛的问题。于此同时，你还需要认识到即便核心层，也通常在决定购买时需要得到高管层的支持。所以，虽然你是从核心层入手，你还是需要设计有价值的提案，使它能被你的客户迅速地推销给更高层次的管理者。

瞄准更高的目标

正因为你接触的管理层次越高，销售的可能性越大，提高业绩的一个关键是瞄准高级决策者。正如我们在第三章所学过的，内部推荐者要比冷冰冰的电话在同企业管理者约定会谈方面更有效。

我完全赞成努力同高管约谈的举动，但销售员们最好在目标公司的商业问题上富有洞察力，以便目标公司的高管出现的时候有话可说。如在第三章提到的，你通常可以通过分析实际工作中的需求获取洞察力，这类需求通常是核心层或是支持层的需求。确定这些特定的需求后再接触高管将增加销售成功的概率，尤其是有推荐人的情况下还能使你给他们留下一个好印象。

即使你不能直接与高管沟通，但有时你可以在与高管联系时找到较低层次的能与你直接沟通的人。打电话给那些已经确认负责你产品或是服务购买工作的高管助理，简要描述你的产品或服务能帮助解决的问题和挑战，然后询问这类助理你能和谁谈谈来促进购买过程继续下去。这一做法会使总裁、首席执行官或首席营运官的办公室人员把你推荐到一位合适你的高级副总裁那里。

让你的知识运转起来

为了防止你偷懒跳过做学生这一步，接下来我讲一个值得借鉴的故事：

我认识的一名销售员最近通过邮件和某公司的一名地区经理联系，他同该经理曾经在一起工作过，而后者现在供职于一家大型公司。在邮件里，他先祝贺这位经理取得新工作，然后追忆两个人之前的（同时也是成功的）合作，最后询问新公司里是不是有其他人可以与之谈一谈。这位经理的回复非常简短，只有一个名字和一个电话号码，他说“你该和这个人谈谈”。而这名销售员马上拨打了那个号码，然后留下了一段允诺能给对方带来好处的很普通的语音留言。事过之后，他才发现他打过电话的那个人原来是那家公司的首席运营官，由于留言并无引人之处，他没有得到任何回应。

这名销售员学到的重要一课是，他至少该花上 10 分钟时间来和熟人探讨一下目前公司存在的问题，还应该在留下那段平淡无奇的语音留言之前调查一下人物的背景，否则也就不至于丢掉留下良好的初次印象的机会了。

在达到第一个销售节点——获得第一次预约时，你可以通过看看自己在取得目标客户关注上做得如何，来评估自己作为一个学生所做工作的效果。这正是接下来我要讲到的。

关键点 1：争取更多的初次预约

在本书即将终稿的时候，我该按计划打电话给我的编辑，但因为有事耽误，电话比我们约定的时间晚了 10 分钟。电话响的时候，我琢磨着该是她，于是就拿起电话，结果是一位年轻的女士，她报上名字后马上就进入推销环节。我猜她要兜售的是一种“学习系统”，不管它是什么，我对她所讲的没怎么留意，因为我的思路还停在刚要完工的工作上呢，我只希望能马上开始打我早该打的电话。

她提到了好几个好处，然后开始飞快地背诵一堆耳熟能详的公司名字，据她讲这些都是他们的客户。到这我开始打断了，“等等，停吧，”我说，“我现在不太方便，我有一个会谈电话。”

“那你为什么接电话？”她问道。

“什么？”我很吃惊。

“如果你有一个预定的会谈电话，为什么你刚才还要接这个电话？”

“女士，你该回去接受培训。”我客气地说完，就挂了电话。

我想你能发现这位女销售员犯的最大错误，粗鲁永远不能征服客户。

我希望你能在与客户通话时表现得彬彬有礼。

但还有个难一点的问题：你注意到她的其他错误了吗？我暂时不公布答案，留待你通读本章之后回头思考，除了要有礼貌之外，找出她所说所做所想至少两处需要改善的地方。

有句老话或许你早已听说过："你没有第二次机会去给别人留下一个好的第一印象"。我想做的是提供一些点子来帮助你给人留下更好的第一印象，然后将这种好印象转化成更多的初次预约。

目标：一次 20 分钟的约谈

销售员在学生阶段的奋斗目标是与目标客户取得一次 20 分钟的约谈机会（如果会谈进展顺利，它会持续超过 20 分钟，但 20 分钟已经是你能奢望很好的结果了）。你接触的层次越高，取得约谈就越困难。从哪里入手呢？问问你自己吧："在我的方案启用之前，哪一位决策者受到的负面影响最大？"

在开始与目标客户接触之前，你需要激发他们足够的兴趣，让他们至少愿意和你谈一两分钟，这是一个你可以取得 20 分钟会谈的前提。你要通过知识（以学生身份获取的）使目标客户急于知道你将要就他们关心的问题谈论什么内容。

今天，与目标客户最普遍的接触方法是电话，因此打一个有效的电话是本章的主要关注点。但后文将提到的如何使用约见信的小窍门也需要你注意。

小窍门：试试亲自上门销售

我一直推荐亲自登门销售，因为我发现这是一个非常有效的办法。但时过境迁，受安全措施制约，亲自拜访在很多情况下无法奏效，很多时候你会被拦在门外。

但是，如果你将办公室作为目标，有能力直接步入门内与前台面对面，我劝你还是试一下。我最喜欢在雨天或是周五下午上门拜访，雨天会让你博得同情，而周五时前台人员多数心情不错。

有效的电话

我们的一位客户是复印技术方面的领军者，他们主要提供数码印刷、电脑辅助设计及复印技术等服务。为了创造新的商机，他们的销售员工常常在企业生产线旁推销最新方案。现在，他们的新概念产品可以将项目管理文件、绘图、图片等进行电子复制，打破时空限制允许全世界用户进行实时合作。

当我到场时，我看了他们用来联系建筑行业目标客户的电话脚本。我把自己的分析一同夹在其中：

下午好，某某先生，我是ABC数码的珍妮特·琼斯。请问能耽误您几分钟吗？（“几分钟”并不特定，会让繁忙的目标客户惊慌：你是请求3分钟还是30分钟呢）

我们向主要的业主、项目经理及利益相关人（最好使用对方的头衔，利益相关者听起来不太正式）提供具有网络功能的合作工具，可使他们突破地域、时间限制分享数据（以一项特征作为开始会让目标客户失去兴趣，因为这可能并不是这个客户遇到的问题）。

这能帮助他们避免犯代价昂贵的错误、停工以及法律纠纷，帮助他们提高工作效率。（不错的开场白，但这里提到的每个问题——昂贵的错误、停工、法律纠纷都是模糊的，“提高工作效率”也是一样。为什么不换成建筑行业术语呢）

您可否抽出20分钟时间来让我们为您介绍我们独一无二的产品？这一产品，您所在行业的很多企业也正在使用或将要使用。（“可否”缺乏自信，表明在恳求会谈。珍妮特将时间确定为20分钟是对的，但她同时回避了哪些企业正在使用，应该抛出几个名字来制造从众效果）

这份脚本还有另外一个问题，当你谈起种种好处时，你最好只和你的目标客户中的一小部分人这么说。在你联系他们时，大概其中2%的人正在积极主动地寻找你所说的好处，而另外98%的人虽然遇到了一个或更多问题，但却还没有意识到寻找解决方案的需求，可能只是感觉轻微不满。所以，如果你是第一次与客户接触，你不能假定他们正在寻求你所提供的方案（也就不可能认为他们对你提供的好处感兴趣）。

但是，如果你好好做一下功课，你就会知道他们面临的问题。因此，只要使用我称为**直击要害式陈述**的方式，你就能在激发目标客户兴趣方面做得更好：提出你认为他们遇到的两个或三个问题，而不是只说一个，这将增加你与目标客户中的大部分人建立联系的概率（我喜欢在直击要害式陈述中尽可能点出三个问题，但在电话交谈中，可能只有时间提到其中的两个）。

小窍门：精明地使用“直击要害”

当你和一位没有想到你会来电的目标客户联系时，极有可能他们处于购买过程的初期——变化或是不满阶段。你陈述直击要害的问题目的是把自己与客户工作中遇到的问题联系起来。

但如果一位目标客户主动了解你和联系你——可能是在搜索引擎上敲入检索词或是打电话给你——说明他们已经经过需求阶段。他们已经知道或他们认为知道问题是什么，正积极地寻找解决方案。按照定义，他们正处于研究阶段或是比较阶段。

但是，这时你还是可以有效地使用直击要害的问题。举个例子，当用户光临我的公司网站，他们极有可能认为自己需要销售培训或是销售管理培训。但来到网站之后，他们将会得到一份免费的《销售经理犯的十个天大错误》报告。这份报告列举了很多销售经理面临的问题以及这些问题的肇因。这就是我们使用的方法，目的是将客户从学习阶段带回到需求阶段，这样我们就能帮助他们更具体地明确他们不满的地方。

有效电话的脚本

对上文电话脚本的改写会在之后涉及，首先我想说明一下我的做法，我改写的电话脚本的结构将遵循有效电话的CPA结构：

- 礼貌（Courtesy）
- 问题（Problem）
- 行动（Action）

礼貌：目标客户都是些大忙人，当你初次和他们联系时，他们正忙得不可开交，可没希望你打电话给他们。因此，你在电话里表达的感谢必须内容集中于能抓住他们的注意力问题上。当你的目标客户应答电话时，你报上姓名，简单致谢，阐明你知道他们很忙，这将把他们从工作中暂时拉过来（如果你不能引起他们的注意，接下来的问题陈述就不会被理睬）。

对我而言，最有效的致意陈述是："您好，琼斯先生，我是Topline Leadership公司的凯文·戴维斯，您是正在开会还是可以方便让我和您谈一分钟？"如果目标客户正在开会，你再预约一个合适的时间联系。

他们常说："嗯，什么事？"或是"我只给你1分钟。"任何一种回答都为我继续沟通打开了大门。

问题：一旦你取得目标客户的注意，你要对可为客户解决的问题作出清晰、简洁的陈述。**考虑一下你能帮目标客户解决什么问题。**

- 你的陈述不仅要适用于目标客户的行业，也要符合对方的个人利益。

- 让你的问题陈述具体化，细节可以激发兴趣。使用你学习得来的知识，使用行业术语引起目标客户的共鸣（请参考下一节中我改写的珍妮特的电话脚本）。

行动：你必须对你要求客户作出的行动有清醒、明确的认识。你希望你的目标客户做些什么？在上一例子中，你希望你的目标客户同意安排20分钟的会谈。

小窍门：从客户角度想问题

最近一次你从突然打来电话的人那里购物是什么时候？当你给自己的目标客户打电话时，要清楚自己需要的客户的唯一决定就是同意20分钟的会谈，要让客户相信你“扼要、有趣而且绝不拖泥带水”。

如果对方是位主管，而你希望对方同意在具体时间约谈，你可以说“我可以在下周二下午1点45分去见您吗？”一旦你获得对方同意就停止讲话，说声谢谢之后挂掉，不要啰唆。

修改过的电话脚本

下面是我按照CPA方法改写的珍妮特的电话脚本，里面还包含我的说明。

下午好，某某先生。我是ABC数码的珍妮特·琼斯。您是不是正在开会？可否让我和您谈1分钟？（这一段旨在打断目标客户正在关注的事。他们并不想接到你的电话，而且在接听来电时也确实很忙。所以第一次电话请求别超过你需要的时间：60秒）

我所在的公司与一批有影响力的石油、天然气公司的项目主管密切合作，其中包括艾克森石油公司和英国石油公司……（让目标客户闪过“信任的火花”，同时让他们知道你是一个对他们所在行业非常了解的人。这在电话销售领域被称为“随大流”办法，考虑到他们的对手已经使用了你的方案，让他们感觉到必须也抓紧时间跟随潮流）被项目决策过慢问题所困扰的客户。他们厌倦了不停地相互指责、借口和缺乏责任心。（注意把你带给客户的好处用客户问题的形式表达出来）

我们现在推出一种项目管理合作工具，据 XYZ 公司使用情况发现，它能使项目决策时间缩短 20%（这一效果或好处能正中项目主管的痛处）。

您能抽出 1 分钟来多了解一点吗？（虽然最终目标是获得 20 分钟的会谈，但你要先得到一点小小的肯定。这是对你交流技巧的一次测试：通过询问这一问题，你预知潜在用户在同意会谈前还需要更多的信息，但已足够好奇到同意“就 1 分钟”）

如果你做得不错，你肯定将听到类似的话。

目标客户：“讲讲吧，还有什么？”
珍妮特：（继续新一轮的 CPA 结构）

礼貌：好的。

问题：我们推出一款新的项目管理合作工具，能让任何用户不受地域和时区限制，不必通过昂贵、耗时的第三方服务机构来提交和获得项目信息。人们对项目主管缺乏最新项目信息的评价让主管们感到沮丧。

您能对项目情况实时可见，这使得您能在潜在问题发展成代价昂贵的延误之前就发现它们。每次决策将提速 20%，考虑到您做的所有决策，每个决策快 20% 累加的成果就非常可观。（将直击要害的问题叙述混合在一起，让它们听起来有所变化。我在自己的方案描述中再次加入了细节。细节可以激发兴趣）

行动：我打电话的目的是预约一次简短的20分钟的会谈，来进一步把我们的新工具介绍给您，并希望得到您专业的评价。您在下周二3点45分是否有时间？（我让珍妮特明确地表达了她的目的：想得到一次20分钟的会谈。记住，销售员在这犯的最大错误就是见面就开始销售他们的产品和服务，事实上，你不过是在销售一次20分钟的会谈。“得到您专业的评价”暗示客户他是一位专业人士，而且会谈没有任何给人带来压力的销售发生。如果你在联系一位管理人员，那么换成“管理人员的评判意见”就好）

小窍门：电话拜访准备工作的更多建议

拿起电话之前，考虑下面的问题：

1. 我对这位目标客户都知道些什么？

2. 我是否知道另外两三个公司的名字，它们可能是客户的竞争对手或者位于客户公司附近，会谈中可能谈及的？

3. 从决策者以外的人那里我还能或者应该获得什么信息？

4. 我的开场白该是什么？问题陈述部分是否足够吸引目标客户的兴趣？

5. 我该问哪些具体问题？

6. 这次电话的目的是什么？（对于第一次电话来说，目的是得到一次20分钟的约谈）

7. 如果我没能实现首要目的，退而求其次应达到的目的是什么？（比如再做一次简短的会谈安排）

应对拒绝

如果你是第一次请求约谈，要做好碰钉子的准备。拒绝也同样可以用CPA化解。下面的例子是从珍妮特的角度来阐明一些典型的回应。

目标客户说："给我发一份文档。"

珍妮特将其视为一个机会，回答：

礼貌：我会的。但那将花费您更多的时间去阅读、评价我们的产品，而20分钟的会谈就足够我们见面并且讨论所有重点了。

问题：此外，我们对于防止代价昂贵的项目拖延以及防止互相指责，有一些新的做法。

行动：我可以在下周二10点45分去找您吗？

目标客户说："你该找我们的销售部。"

珍妮特的回答是：

礼貌：我很愿意找销售部谈谈。

问题：但是，我们能为项目管理团队改善合作效率提供一种新的战略方案，防止出现代价昂贵的拖延。而战略是由您负责的，而并非归销售部。

行动：我想再一次请求安排20分钟会谈，那时您再来做评价。下周三的下午您是否有空？4点40分怎么样？我会在5点前离开。

目标客户说："我现在很忙。"

珍妮特回答：

礼貌：我能理解。但是您需要抽出20分钟和我会面是有原因的。

问题：这个新方案能防止他人为未能按照项目时间要求完成工作寻找借口。并且不仅能节省您的时间，也能节省其他所有参与项目的人的时间。

行动：周一下午1点45分你忙吗？或者是周二的9点45分？

目标客户说："我不感兴趣。"

珍妮特：

礼貌：我理解。但是，我去拜访的目的并不是要当天销售给您什么。

问题：我请求得到的是占用20分钟来为您介绍我们的最新方案，并得到您对它的专业意见。如果您对届时所看到的方案感兴趣，将可能在未来的项目试用。我们已经帮助一些成功的石油、天然气公司预防出现由于缺乏实时信息而导致的拖延。

行动：如果您不能抽出20分钟，15分钟可以吗？

目标客户："我们对现在的供应商很满意。"

珍妮特：

礼貌：我理解你的方案可能现在仍然适用。

问题：但我也同时认为，需求的变化是非常迅速的。

行动：请让我和您谈20分钟，让我给您展示我们的成果。如果将来你的环境改变了，您就可以有备用的选择了。

小窍门：高度坚持而不是高度压力

在除了电话促销以外的所有场合，我建议在销售过程中你扮演给人压迫感的顾问角色。但事实是，给繁忙的经理打电话预约是非常困难的。电话销售的目标客户非常难以把握，因为拒绝一位电话销售员是非常容易的。

因此，销售员需要有一套强悍、专注的方法，我将其视作发展"高度坚持"而不是发展成"高度压力"。缺乏坚持的销售员很快就会放弃，当目标客户有一次否定回复他们就会放弃，而不会给自己足够的机会来实践沟通的技巧。

你的坚持将减少抵制、拒绝、放弃，不断请求得到约谈机会是成功接触客户乃至销售成功必不可少的。

遇到语音电话怎么办

如果留下一段语言留言但在一周之内没有得到任何反馈，那就再打一次并留下同样的信息。如果在一周后还是没有接到回电，再打第三次，留下同样的信息——更为简短，但有显著不同的：

“如果现在您不方便，或者您对和我约谈没有兴趣，能否让我知道？那样的话我将不会再打。”

这段很重要的话经常会收到立竿见影的回复。有时目标客户会说：“别再给我打了。”还有时你会听到：“对不起，我实在太忙了。但如果你周五下午给我打电话，我可以和你谈谈。”总之，任何消息都好过没有消息。

轻松一下

记得我做销售员的时候，有一天，我正和杰克——我的一位上司一路同行。杰克负责中心城区的业务而那时碰巧没事，杰克就顺手抽出 50 位目标客户电话号码亲自联系他们，他选择了一位繁忙的律师，然后在电话里开始高谈阔论我们的新方案。对方几次拒绝而杰克游刃有余地将拒绝处理，最后，这位律师说：“杰克，我准备和你见面，但除非你准确地告诉我你的产品到底是什么。”

杰克回答：“好的，那需要至少 10 分钟。”

目标客户答复：“给你 10 分钟，继续。”

杰克说：“太好了，我正在穿过大街，两分钟后见。”

我们迅速直奔这位目标客户的办公楼，发现他正走出大堂，哈哈大笑，他喜欢这种方式。

小窍门：使用预约信来获得更多机会

一封认真撰写的预约信，再加上一个电话，对于接近繁忙的目标客户是绝妙的办法。

- 预约信能节约目标客户的时间，因为它可以告知客户你能提供的价值。
- 如果你的价值激发他们的兴趣，他们就会同意约见你。
- 可能更重要的，一封预约信能让主管助理知道谁来应答电话。

为第一次约谈做足功课

当你成功约到第一次会谈，是时候再做一次学生了，因为你需要为你的 20 分钟会议做足够的准备。花些时间来搜集更多目标客户的业务和存在问题的信息。就像那句谚语说的“机会总是青睐有准备的人”。你是准备参加一次充满机会的 20 分钟会议，因此，希望你能做充分的准备。

第五章　**医生**

「诊断毛病，确定需求」

在同一位销售副总裁讨论销售培训的会谈中，我首先开始建立互信，问他几个问题。没一会儿，我知道他的一支销售队伍正在销售 300 个广告牌。当我问他目前的销售情况时，他告诉我销售量只达到总量的 70%，他对此很不满意。这是个机会！

你认为多数销售员这时该做什么？他们会迫不及待地把销售培训作为医治销售低迷的良药，我必须承认，我在当时也受到旧式销售理念“发现需求并满足它”的极大诱惑。但如果我这样做，告诉他“我能教你的销售员如何卖得更多”，他肯定会问我培训的费用，假设我告诉他两天的定制培训项目要支付 18 500 美元。想象一下他的反应会是什么样：“有点高……我付不起……不需要……没有做相应的预算。”

销售员过早地展示他们的产品或是服务，会引发价格反感。所以当你听到“我付不起”或是“没有相应的预算”时，你的第一反应不应该是找你的主管看看是否能够降价。**记住，你方案的价值是由能给客户解决问题的价值决定的**。换句话说，如果你不知道为客户解决问题的价值，也就不可能对你的方案的价值有足够的了解。所以，不要急着去展示你的方案，你需要先通过**询问更恰当的问题**来确定方案的价值。

需求决定价值

本章将着重讨论你可以培养的一种重要才能：**如何帮助目标用户认识到你的产品和服务的价值**。通过以医生身份提出的问题，帮助你的客户剖析自己。并非是你的产品或是服务激发买家的兴趣，而是他们对于发生变革的价值有了自己的认识。此外，目标客户不可能自己反对自己，对于他们而言，自己否定自己再根据问题产生需求基本上是不可能的。

销售顾问面临的关键考验是：你的客户是否在你离开后对他们的问题有了更多的认识？

广告牌销售案例取自我的真实经历，我知道接下来该怎么做。我控制住推销产品的诱惑，继续发问："某某先生，你能告诉我造成目前销售问题的原因吗？"

他回答："业务活动开展不够。"（我的提问让他更好地认识到自身的问题）

我接着问："您的销售人员为什么不去开展活动呢？"他的回答是他们缺乏技巧，并且没有与客户高层决策者联系的自信。我又问了几个问题："这种情况给您造成的损失是多大？"他考虑了一会儿，回答道："今年截至目前估计就有 100 万美元了。"我又继续问："设想您可以让销售员的业务活动水平提高到一个可以接受的水平，您的利润至少可以增加多少？"他告诉我利润增加应该有损失的 65%。

你对投资 18 500 美元的培训费来获得 65 万美元的回报有何想法？培训费微不足道，对不对？你会认为他会说"让我考虑一下"或者是"我付不起"吗？不可能！

小窍门：为什么不能马上抛出你的方案

正如你从这一例子中看到，而且你可能已从经验中学到的，在最开始的会谈中就提出你推销的方案存在一系列的问题：

- 使焦点从客户转移到你身上。
- 在客户购买过程的这一节点上，你还不能对方案的真正价值有准确了解。
- 你不知道客户已有或者缺乏的需求，所以你可能一味强调他们不感兴趣的特点，同时错失了他们感兴趣的方面的展示机会。
- 让客户感觉他们是在“被推销”，这让你看起来和其他来访者没什么区别。

我的做法是用“**医生**”的角色来帮助病人分析引起他们不满的原因。医生通过知识和询问来让你保持健康，他们使用检验测试、身体锻炼、用药史、病状描述来分析问题，让你明白会发生哪些并发症，然后讨论哪些措施对于治疗是必要的。

通过假想的医生角色诊断潜在的问题，你能在客户的眼睛里发现增大产品和服务价值的巨大需求，花费一点时间用到分析上，将加速客户的购买进度。

客户阶段2：不满

当处于学习型购买中的不满阶段时，目标客户发现存在的有待改善的问题和机会。在他们的观念中，他们仍在质疑问题的严重性，犹豫着是否需要采取行动，是否有购买的必要。

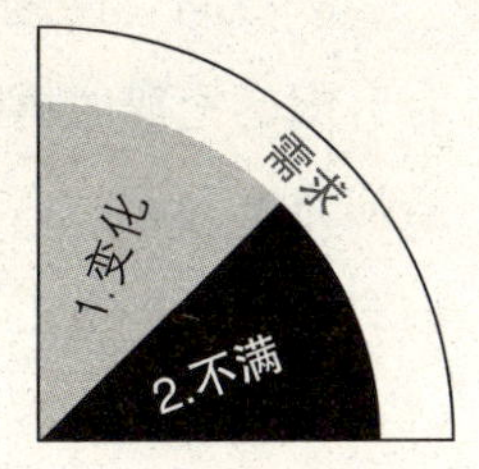

显示目标客户处于不满阶段的表述有：

“我希望我们能……”

“我们不能……”

“如果能……就好了。”

“多少钱？大概花销是多少？”

最后一种关于开支的表述，表明客户认识到存在的问题，而且想知道解决方案的花费。不要错误地把它理解成购买信号。客户不过是正处在十字路口：如果购买新方案的花费远远超过问题造成的损失，购买进程就会随之停滞；而如果花费看起来比问题的影响要小，购买进程就继续（因此，你扮演医生角色的目标之一就是帮助目标客户认识到问题的全貌，这样他们才能作出恰当的花费与收益选择）。

在不满阶段，客户将经历以下步骤：

1. 认识问题或发现机会。不满发生于目标客户认识到他们所处位置（他们真实的位置）不是他们希望所处的位置（他们最理想的位置）。不管是意识到问题还是发现机会均会引发不满，包括过去已经发生的一些糟糕或是不能接受的事情（迟延、瑕疵、重做、心情不好的客户等）和着眼于未来的机会，比如强化市场地位的可能，进入一个新的市场来增加销售等。

在试图分析客户需求时，许多销售员会犯一个同样的错误：只是通过提问来揭示问题。也就是说，他们只着眼于已经发生过的事情。只寻找问题的销售员就像是只盯着后视镜的司机，他们不关心客户要去何方，他们该寻找问题或是机会带来的需求。

2. 自问“问题有多严重”。目标客户经常面对成堆的问题，但却只有有限的资源去解决它们。出于这个原因，当他们看到一项需求，他们会问自己问题“有多严重？”他们把问题按照轻重缓急排好并分配相应的资源，目标客户的不满程度取决于感知到的问题是一个小麻烦还是一次大危机。目标客户的不满越是强烈，方案的价值就随之越大，目标客户也将使用足够的资源去解决它。

3. 想知道“解决方案将花费多少”。目标客户在不满阶段对价格非常敏感。我肯定你能回忆起，在销售初期碰到过“你能否大致给我们估算一下，方案大概要花费多少？”这类问题，在那时，客户相信他们自己了解了不满的严重性，并想要看看所需费用的具体数字。提前确定你将如何解决这个问题以便估算大致费用。

4. 决定“我要买”。当潜在用户彻底掌握了自己的需求，会假设已购买了你的产品和服务，他们头脑里浮现出这些产品或服务的价值——对购买之后所带来成果的预期。目标客户获得的价值想象越美好，他们购买的愿望就越强。

小窍门：对不准确的需求感知保持警惕

处于不满阶段的客户常会认为他们已经清楚地明确了问题，但根据我的经验，事实常常未必如此。例如，广告牌公司的经理认为他的销售员在开展业务上存在问题，但问题可能出在销售时销售员分析性的询问上。这些不准确感知的存在，也从侧面说明为什么以医生角色帮助客户获得能带来预期效果的方案如此关键。

作为一名销售顾问，你的目标是帮助客户获得他们需要的信息，不停滞地通过各个购买阶段。扮演好医生的角色，询问诊断性问题将帮助客户和你发掘出能作出购买决策的关键信息。这是帮助你和你的目标客户认识他们的需求和发现机会的第一步，也会自然而然地帮助你认识到方案所能带来的价值。

“病人”的类型

在目标客户认识到购买需求之前，他们对现状必定会感到不满。你在销售过程初期应该关注于确定客户理想与现实之间的差距，因为不满就来自这一差距。

销售人员扮演医生角色时要面对三种客户，如图 5–1 所示。

- 生病型：表现不正常。
- 健康型：表现良好，但认识到他们还可以做得更好。
- 讳疾忌医型：自认为很健康，但医生知道那并非真实的情况。

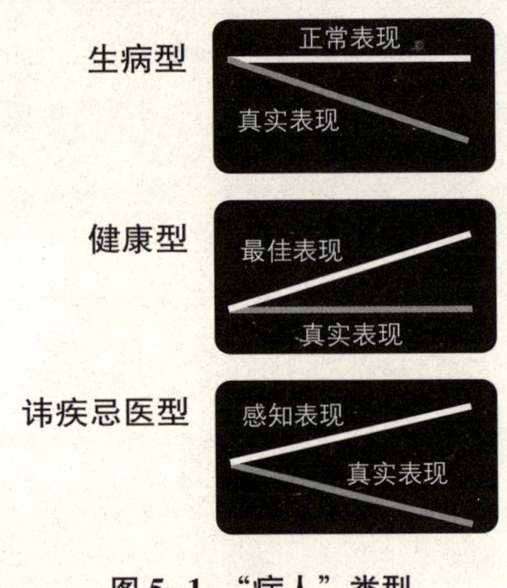

图 5–1 “病人”类型

生病型

这类客户是那些表现无法达到标准的目标客户。通常来说，他们的表现维持在可接受（正常）水平，但最近他们感觉自己的实际表现达不到标准，有些问题需要得到处理。

生病型目标客户的陈述直白地指出了问题：

“我们的花费太高了！”

“缺陷和返工实在要命。”

“我们的客户抱怨……”

健康型

健康型目标客户总体表现可以接受，但是他们寻求时机让状况变得更好，让表现达到更高的层次。这种潜在用户总是在想如何做得更好。

表现良好但仍有需求，需要得到你的方案帮助的潜在用户会这样表达：

“我希望有更多的客户。”

“我们的目标是提高 30% 的销量。”

“我们需要提高市场份额。”

“我们一定要提高每位客户的平均收益。”

“更高的经营效率可以让我们大幅度超过对手。”

讳疾忌医型

讳疾忌医型目标客户是那些不愿意谈及他们有待改善的问题和遇到机会的人。他们相信自己的表现是最好的，但是他们错了。这是一批对他们销售最难成功的客户，因为他们拒不承认自己的需求。你常会听到讳疾忌医型目标客户这么说：

“业务非常好。”（虽然报告显示恰好相反）

“我们的员工很多。”（很多人刚刚辞职）

“业务好得不能再好了。”（实际上是糟糕到了极点）

小窍门：让你的客户坦诚相告

在同新的目标客户会谈时，对方不愿意沟通的情况很是常见，毕竟你们两位刚刚认识，而且你现在正询问他遇到的问题。如果你感到你的客户不情愿敞开心扉，不愿意谈论自己公司的问题，就要试着改变问题的方向，不要总将你的问题围绕问题本身（不要问“您业务中存在的问题是什么”）；反之，询问可供改善的潜在机会，例如问：“你认为贵公司哪里需要改善？就目前的情况看，你认为你们可以在哪方面做得更好？”如果他们还是不够坦诚，那你就该寻找其他销售机会了。

坦白地说，你该避免与一些目标客户接触，不要在他们身上浪费时间，因为那注定无法成功。

强化目标客户的变革需求

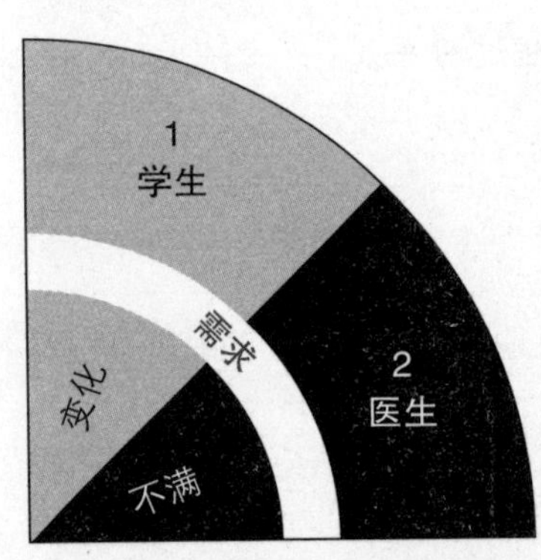

图 5–2　不满阶段的医生

我针对购买中心型销售所使用的方法和你可能从其他地方学到的方法最大的区别是，我的焦点在于让目标客户不仅认识到革新的需求，更要让他们认识到革新所能带来的价值。好的医生的问询将帮助生病或是健康的目标客户明白他们所处的位置与他们应处的位置（或想到达的位置）之间的差距。揭露这一差距将帮助你的客户从意识到改善的可能性转换到渴望去革新（图 5–2）。

很多销售员认为他们是善于提供咨询的，因为他们总在问基于需求的问题，并在得到答案之后才提出自己的方案。但是，这种方法只能称其为“专家式销售”，而不是“咨询型销售”。专家告诉别人该想些什么，而咨询顾问——或者至少是好的咨询顾问，则会帮助人们用新的视角认识他们的处境，并帮助他们发现尚不知道的事情。

当你为客户提供“咨询”时，他们想获得你的分析、观点和专业知识，其中最重要的专业知识是关于他们业务、步骤的知识，还想知道你的产品和服务如何改善这些步骤。**销售顾问懂得这一阶段他们最危险的竞争对手是客户的不作为。**（只有到了比较阶段，你才会与竞争对手碰面）而最有效的做法，就是使用专业询问——像医生所做的——通过帮助客户更好地理解一成不变带来的影响，提高解决问题的紧迫感。

小窍门：空手而去

在我的研讨班上，我建议销售员参加第一次会谈时空着手——你不要带任何材料、样品。如果你开始介绍自己公司的产品或是服务，你可以说是在给客户提供一种方案，一旦如此，你就要跑在客户前头了，当他们还在需求阶段时你却到了学习阶段。在客户购买过程中太早提供方案，你也会丧失同其他决策者会谈的一个理由：去更多地了解他们的需求。所以要慢下来，空手而去，集中精力确定客户的需求。

诊断过程的5个步骤

实施第一次20分钟访问时——不管是面对面还是通过电话——你需要制订一份能引导“病人”达到自我发现的计划，这样他们才会说服自己马上着手解决问题。最理想的情况是，客户按你说的那样做。下面是我使用的5个步骤。

第一步：快速打破僵局

你的第一个目标是能在会谈开始前的两分钟内建立信任。实现它的最好办法就是告诉目标客户你已经了解到他们的一切，因为你是一个好学生。很自然地，你需要做个简短的自我介绍（如果同约见的人之前没有交谈过的话）或者其他可以打破僵局的东西，但要很快回到会谈的目的上来：

“感谢您拿出20分钟来和我谈一谈，我知道您的时间非常有限，所以如果可以的话我想直奔主题。（这表明你很关心他们的时间，能帮助你与一位繁忙的经理建立互信）不知道您是否听说过____（你的公司名称）？（如果必要，花60秒的时间，用电梯里交谈的方式进行描述，简洁扼要。展示一下你的产品和服务的客户或用户的名单。这是建立信任的快捷方法）

（现在你想要进入提问环节了。记住，你不是来这里推销产品的，你需要了解他们的需求和机会）坦率地讲，我对我们所提供的产品是否可以让贵公司受益并不确定，所以我想问您一些问题，可以吗？”

第二步：掌控全局

通常问几个全局性的问题：

“你的首要目标是什么？”

“要达到这一目标，需要你克服哪些困难？”

“你对如何克服困难有什么想法吗？”

这些问题将帮助你确定在特定时刻目标客户眼中的首要问题，你能将接下来和客户讨论的问题和需求同这些全局性问题联系起来，会创造更强的购买动力。

第三步：提出诊断性问题

销售中所扮演的医生角色同现实中的医生所经历的过程有相似性。当你前往医生的诊所，被引入检查室后的第一件事是什么呢？一些人记录你的典型特征，医生将你现在的身体情况同过去记录（你的病史）作比较，然后问你是否有需要说明的问题和哪里不舒服。作为销售中的医生，你需要做同样的事情，确定你的目标客户处在何处，他们曾经在哪，以及他们想到达什么位置。

有 5 种问题你应该了解：

历史问题。了解背景事实和当前信息，确定客户实际表现以及客户想要达到的理想表现水平。你需要确定“是什么”与“应该是什么”的区别。历史问题将会改变你已知或猜测的情况。例如：

- 业务上有哪些变化？
- 客户的期望是什么？
- 就你的公司目标而言，你现在处于什么位置？

表征问题。在医生确定你的大致情况后，接下来的问题就该是问“哪里不舒服？”对于销售员来说，则是弄懂目标客户为什么不满，什么是他们不满的根源。根据你所接触的“病人”类型不同，典型的表征问题也会有所变化。

（1）集中于问题的问题（面对病人型客户销售时）

- 你现在遇到的麻烦是什么？
- 你对__________是否满意？
- 其他客户在__________上遇到困难，这对你来说是否也是问题？
- 如果你可以做一件事去改善__________，它会是什么？

（2）集中于机会的问题（面对健康型客户销售时）

- 在你和目标之间有什么障碍？
- 你对目前的表现能接受吗？
- 你最希望看到有什么改善？

根源问题。目标客户可能知道也可能不知道引起不满的来源，根源问题将确定问题的根源。如果你找不到问题的起因，你的方案也就无法解决问题。你能通过以下询问来确定根源：

- 你将其归咎于什么原因?
- 你对造成那一情况的原因有什么看法吗?
- 导致这一问题的因素有哪些?

受过发掘问题根源训练的专家懂得要不断地深入探究，他们最常应用的标准过程被归纳成为“五个为什么”办法。对方提及一个问题后，你要让他们解释问题发生的原因，他们给出答案后，你再一步追问深一层问题发生的原因，直到你相信找到问题的根源为止。(数字“五”并非是定数，它只是用来提醒你要懂得深入挖掘原因。可能你问两个问题就会找到根源，有时则可能需要五次以上)

例如，如果有目标客户对一家销售集成付费软件的公司说：“客户对我们的开具账单系统非常失望。”这个公司代表就会一路探究下去：

第一个为什么：“客户为什么会失望？”

回答：“他们对发票不准确、额外收费以及最后的付费结果不满。”

第二个为什么：“发票为什么会不准确？”

回答：“因为之前的付费不一定准确计入系统。”

第三个为什么：“为什么付费没有准确计入？”

回答：“有时他们通过在线支付，有时通过支票支付。它们会以不同方式来计入我们的财务软件中，而发票可能在所有的付费计入系统之前就开具了。”

并发症问题。目标客户可能并没有意识到他们存在问题的严重性，而这对于帮助他们确定是否有紧迫的需求至关重要。并发症问题旨在让目标客户思考问题将导致的结果——如果他们放任其发展下去将会产生怎样的后果。扮演医生角色的目标之一就是帮助病人们认识到问题马上或长期导致的结果，以及和这些并发症相联系的成本。

现在是你应用学生阶段所获得知识？来帮助目标客户认识确实需要

你提供的产品或服务的时候了。如果你之前研究过目标客户的业务，你就能问出有说服力、有针对性的并发症问题。通过深入挖掘并发症，你就能揭示目标客户尚未注意到的巨大需求。下面是一些有用的、开放式的并发症问题：

- 这一问题是如何影响你的公司的？
- 这一情况还导致有其他困难吗？
- 如果你不解决这些问题会发生什么？
- 这一情况还产生哪些其他问题？
- 这肯定将导致现实问题，如……（在这停顿下来，让目标客户加以补充）

实践中，当与目标客户交流时，我会整理一份并发症清单，然后一一重复确认，最后问道："这些问题对您的业务影响如何？给您造成什么损失？"（你当然希望目标客户并不掌握所有的答案，这样你就可以问"谁知道这些问题的答案"来顺理成章地见到其他决策者）

治疗性问题。这类问题帮你确定目标客户对你的产品或服务价值的期望值，即他们理想中的结果。治疗性问题同并发症问题的最大区别在于，重要的并发症问题帮助目标客户思考消极后果以及问题所带来的损失，提高目标客户对于放任问题所引发潜在损失的警惕性，而治疗性问题则使客户思考方案的潜在价值，强调如果他们采取行动会有哪些变化。典型的治疗性问题有：

- 如果你能解决__________，将会帮助你做什么？
- 解决问题能起到什么效果呢？
- 解决这个问题还有什么其他的好处？
- 如果能解决这个问题，你觉得能省下多少钱？

小窍门：什么更重要，问题还是答案

不要只想着问一些不错的问题，要关注你想得到的：目标客户的问题症状、病因以及并发症。如果你能考虑一下正在寻找的答案类型，你就会问对问题。不要把简单的销售角色复杂化。

下面通过一个真实的例子来阐明这一系列问题是如何产生效果的：马歇尔负责销售工业地板，与之会面的一位目标客户想要给叉车在工厂地上留下的几处磕碰处铺上地板。但马歇尔却发现了更严重的问题，那是一块老式水泥地板，在泼溅的酸液和化工产品作用下损毁严重。他的分析问询见表 5–1。

表 5–1 诊断式问询范例

问题类型	马歇尔的问题	客户的回答
历史	现在的地板是什么时候安装的？你的公司使用过什么化工材料？你知道哪些防化学腐蚀产品？在现在的水泥地板里使用防腐蚀产品了吗？	现在的地板已经使用 8 年了，工厂在生产过程中使用高度危险的原料。不清楚现在的水泥中包含哪些成分。
表征问题	除了磕碰，你对现在的工厂地板满意吗？	虽然几个地方的水泥已经坏掉，但地板尚可支撑，只是那些区域变得越来越难收拾。
根源问题	是什么造成地板破损？ 为什么？	生产过程中伴随着各种各样试剂的溢溅，公司清理承包人没能有效地清理这些溢溅，因为地板非常粗糙不平，溢溅没能得到及时清理，水泥板之间的空隙已经损坏了，可能将导致少量剧毒化学药剂渗透进土壤中。这些因素相结合，导致地板变坏。

（续表）

问题类型	马歇尔的问题	客户的回答
并发症问题	如果发生一次非常危险的溢溅，会导致什么情况？是否会引发人们对健康或安全的担忧？对你的保险有什么影响？	负责人马上意识到如果不更换地板将会导致什么，目前存在潜在的工人安全问题、可能要对工人赔偿诉讼承担责任、环境问题、可能的法务费用——这一切将造成负面的社会形象。所以现在，在目标客户眼中，对工厂地板的轻微不满转化成非常重要而且紧迫的问题。
治疗性问题	解决这一问题还有哪些其他好处？	目标客户突然意识到其他重要好处：将目前地板换成更平整的材料将让维护人员清理起来更轻松。

注意当目标客户进入研究和比较阶段后，并发症问题将使你占据一个强势的地位，因为你可以预测出对他们而言重要的标准，并且懂得这些标准究竟有多么重要。

还要注意到马歇尔没有告诉他的客户这些并发症是什么；反之，他让客户来告诉他。作为一名销售员，你可以提供自己的见解，但如果你让客户思考可能存在的问题，效果将会更好。通过这种办法，他们将完全把握问题，坚定变革的决心。一个最简单不过的道理是：目标客户不会自己反对自己，当他们说出潜在的危机，那就成为他们的想法，而不是你的。

通过问询，马歇尔帮助厂主认识到地板问题要比他原想的情况糟糕得多，而且最终他销售出一款价值 5 万美元的防酸新型地板，虽然他的对手出价不过是 4 万美元，但马歇尔所在公司不仅使用质量更高的材料而且有着良好的历史记录。正因为客户感到这次购买非常重要，生产经理才能对马歇尔提供方案的附加价值有合理的判断。

小窍门：一个额外的治疗性问题

要想对诊断性问询做一个总结，只要问："同其他问题和挑战比起来，这一问题的紧迫程度如何呢？"通过询问客户比较当前问题同其他问题的重要性，也让你知道他们解决这一问题的动力有多大。

第四步：确定复杂购买团队

正如我在第三章讲过的，你在面对复杂购买团队之前需要回答四组问题：

- 谁会参与决策？他们正处于购买过程的哪一环？
- 谁是最有影响力的决策者？他们将在购买过程中的哪一阶段参与进来？
- 每位决策者希望得到什么？他们的个人需求是什么？
- 最有影响力的决策者对于你的公司和方案的态度怎么样？

在同联系人进行最初的会谈时，你还不可能回答上述问题，但至少可以通过如询问决策如何作出等问题做些前期准备。随着你与客户一同进入其他阶段，就要仔细考虑一下该怎么回答剩下的问题了。

3×3扩展法。对于重要的销售机会而言，需要努力与处于3个层次的至少有3个人建立联系，只和一名客户建立联系是危险的。如果每位联系人知道你还和企业内的其他人有联系，你就会从他们那里得到更多的有价值的信息。一旦你确定了复杂购买团队成员，你的目标就该是与尽可能多的决策者交流。

还记得第三章讲到的策略吗？在沿着企业阶梯攀登之前先要下行。我建议同一名超级用户会面后，接下来要和一名略低层次的用户见面（用来观察“实际需求”)，在第三次同超级用户以及首席运营官（ROI 权威）会谈。3 个层次 3 个人，这就是 3×3 扩展法。

第五步：最低限度治疗“处方”

一旦目标客户认识到需要解决存在的问题，他们就会马上对你的方案感兴趣。现在你必须证明你可以帮助他们达到他们的目标。你的潜在用户一定知道你的方案是可行的，否则就没有理由继续前进到下一个购买阶段——研究阶段了。

需要注意的是：不要详细地谈论你的方案！整个初次会谈要集中在客户需求上，让自己达到一个比较合适的位置：一个对客户的需求存在质疑的位置。因为质疑，所以你需要对客户的问题和担忧仔细观察。一旦你收集到需要的信息，猜猜会发生什么？你将能准确而深刻地理解客户的问题——那将恰好是高管层 ROI 权威感兴趣的。如果你能针对让客户产生需求的问题发展出一种新的观点，你就可以在与 ROI 权威分享时将它作为讨价还价的筹码。

如果目标客户紧盯着你的方案，你可以泛泛地给予回应。当被紧逼不舍时，你可以用一个用户成功使用你的产品和服务的例子作答，但要在最后加上一句“这是他们的需要，我不确定对您也适用。请允许我回到办公室同其他专业人员一道做更多的调查，然后再同您和您的决策团队一起分享我对贵公司的分析。”

就像医生不会开具超过必要限度的药量一样，销售人员在扮演医生角色时也只需要展示能满足目标客户需要的能力。目标客户期望的结果已经在回答你的治疗性问题时表达无遗，通过向客户展现你具有达到他们需要的能力，你能向目标客户传达你一直在认真倾听他们需求的信号。

你开出治疗方案的用意并不是要制订出整个治疗计划，那样就太快了。你只是希望你的客户在得到足够的答案后继续前行到第三阶段：研究阶段。

处理“大概价格”问题

客户在第一次或是第二次会议上就希望得到你的产品和服务的大概价格是很自然的，但这对于销售员来说是个棘手的问题。正如你所知道的，只有很少的客户能牢牢地抓住他们的问题和机会的确切范围或是实质，客户很难说出理想中的方案究竟是什么样的。如果你现在抛出一个确切的数字，客户就会认为这个数字不可变，即便到了他们购买过程的后面阶段，方案的范围或是实质发生显著变化，这个数字也被他们认为仍然是不变的。

那么我们能做什么呢？一个办法是首先感谢客户有兴趣来获得这个问题的答案，接下来向他们要求同意自己晚些时候再给出答案：“请允许我提出更多的问题，这样我能更好地了解您的需求。之后我将分析获得的信息，然后明确地给出数额。”（注意你并没有承诺何时给出）

另一个办法则是简单地给出可能的花销范围。如果你打算此时提及价格的话，要仔细观察客户的面部表情，看是否有吃惊的信号。根据保罗·艾克曼博士——《脸部揭秘：面部知情绪导引》一书的作者——所开展的研究表明：目标客户的真实惊讶可以实际观察到。你必须注意观察目标客户的面部特征，因为惊讶是表现时间最短的情绪，持续不到1秒钟。如果持续时间太长，就显得太假了。

练习如何探知惊讶可以通过向朋友或者爱人说一些让人吃惊的事，观察他们的表现。然后让他们装出吃惊的表情再观察，对比后你就会注意到两者的区别。

确定并强化不满

销售是揭露紧急需求并将其刻画在客户脑海中的过程。如果你能在销售过程一开始激发客户购买更大的动力，你销售成功的可能性就越大。

扮演医生角色时，你的目标是确定目标客户的不满程度，然后通过紧迫的问题来强化不满，这样目标客户就会在做购买决策时有更多动力。

再强调一遍，对你成为销售顾问的关键考验来自：你的客户是否在你离开后，对他们的问题有了更多的认识。

关键点 2：用备忘录管理行动

你还有很长一段路要走！你只不过刚刚同一名新的目标客户进行过一次成功的沟通会议。现在你的目标客户对于他们的需求实质和范围有了更清楚的认识，有着更加急迫的期望去寻找解决方案。但你却面临着两个挑战：一是记忆固有的不可靠性（特别处在当下这个节奏快速的时代）；另一个是与你会谈的人不可能单独做决定。所以如果你想最终能销售成功，与你见面的那个人就必须马上行动，告诉其他决策者有一个明确的需求出现了，需要购买团队认真讨论一下。

不论出于哪种原因，它都值得你将和联系人沟通的内容记录到**备忘录**（**MOU**）。备忘录是指第一次约谈后你所发送的简短电邮，它用来**确定**同目标客户会谈时所讨论的**关键点：客户目前的情况、关键问题以及并发症**。在备忘录的末尾，你要再次确认客户的承诺，目标客户告知你的将采取的具体行动，以及完成行动的截止时间。

为什么备忘录很重要

在我与销售员所分享过的工具中，我认为最为重要的一种就是备忘录，它简便可行。

我对备忘录非常信任的原因是它确实很有效。销售员告诉我：一旦想到他们要在会后写一份备忘录，他们就要在会上问更多的问题，而且是更好的问题。因此，备忘录帮助你放慢销售步伐，也就是帮助你卖得更快、更多。

我曾做过一件大宗销售，成功的原因就是我在首次会谈后，将备忘录第一时间发给这家国营公司的地区销售经理。我以和他的对话为基础，简短地描述了他的公司的问题、原因以及带来的影响。这位销售经理在他的公司很有影响力，他将我的备忘录连同一句“请认真阅读此备忘录”一道转发给了上司。而他那负责整个东海岸销售工作的上司又将备忘录转发给了负责整个公司销售工作的副总裁，后者将它转发给了公司培训总监。

在我将备忘录发送给地区经理的两个月后，我接到了来自培训总监的电话，这也正是处于购买过程中的研究和比较阶段时期。几个星期后，我成功销售出“试点”项目——供客户精心挑选的精英销售人员试用的初期销售培训研讨会。

当我终于得以讲授研讨会第一课时，培训总监就坐在最后一排。当我向他的销售员讨论起备忘录的价值时，他突然把手举起来，然后向所有参加者说：“凯文 6 个月前发给公司的备忘录现在恰好在我的收件箱里，他说得很对，正是备忘录才让他站在这的。”在接下来的休息时间，他把电脑连上投影仪，向所有人展示我的备忘录是如何第一时间到达他的收件箱的，每一位收到备忘录的经理都做了评价，然后继续转发，我的备忘录就像个弹球一样经过层层关卡到达他的手里。

但显然，这个案例是一种理想状况，并不是你发送的所有备忘录都会被一位决策者转发给另外一位决策者。但是，如果没有来自目标客户的明确支持，你也不可能将它转发给决策者！你发给目标客户的备忘录是对私人谈话的确认，他或她绝对不会在本人不同意的情况下将同你所交流的内容发给其他人。

备忘录还有另外一个重要目的：如果你已经给联系人留下一个不错的印象，他们就会把有关问题向其他决策者提出，所以现在谁才是销售员？是你的联系人——他们如你所愿成为支持者。但他们毕竟没有读过本书，所以极可能步伐也会迈得太快。具体地说，你的支持者正步入研究阶段，但要由他去说服其他处于变化或是不满阶段的人认识到需求。对你的联系人来说，备忘录为他们提供了现成的纲要，使他们能简洁而又专业地给其他需要沟通的人分析全部问题、起因、造成的后果。

备忘录第一次被用到是在购买过程早期，但在稍晚时，当你确定你有一位有力的支持者之后也可以使用，比如给一些希望你或你的方案获胜的人，或者是希望给那些帮助你进行内部销售的人提供参考文本。

如果与目标客户的会谈发生在购买过程后期，比如在比较阶段，备忘录就不怎么有效了。但在这些情况下还是可以发送的，不过别期望太高。

在首次会谈之后发送的备忘录最起码可以为开启第二次会谈提供机会，在进入建筑师角色之前可以利用备忘录快速回顾，然后将人们的注意力转移到设计方案阶段中去。我接触过的很多销售员曾经告诉我，备忘录让他们从竞争中脱颖而出。它能带来很多好处，大多数销售员只不过不愿花费时间。

典型性备忘录案例

一个优秀的备忘录是简短的，它应该用客户的口吻写就（而不是用你公司的行话）。它清楚地明确了客户的问题或是机会，以及这些问题或机会将会产生哪些影响。此外，它还包含对未来的承诺——你的目标客户在初次会议结束时同意采取的下一阶段的行动。下面的备忘录范例阐明了这些要素。

备忘录范例

收件人：戴维

发件人：亚历克斯

主题：对我们会谈的回顾

戴维：

您好！谢谢您组织我们今天的会谈！我想对交流过的主要问题做简要回顾，来帮助我们对各方面看法保持一致。

现状

- 每年筛选700位申请人
- 目前没有任何评测系统
- 质量不高的雇佣平均每次造成1万美元损失

改善的机会

- 人员流动率过高，特别是在前90天内，每年给公司造成15万美元损失
- 一些雇员不能保持培训所得到的知识，相应降低培训投入的效果
- 一些新员工根本就不能胜任工作

可能方案的要素

- 你希望找到可以预测评估实际工作技能的方法
- 你需要对招聘流程进行提炼和优化
- 你想对在线申请人进行提前过滤
- 你希望通过90天的试验来评估某个方法是否有助于选择更高质量的员工

以上是否正确？我希望能同你在下周二下午3点再次面谈，对你现在的供应商开具的清单做一次审核。如有任何问题，欢迎同我电话、邮件联系。

再次感谢！

客户经理　亚历克斯

第六章　建筑师

「设计个性化的方案以满足客户所需」

在职业生涯早期，我曾与一所中等规模医院的放射科打过交道。当从前台那里得知该科室还在使用过时的口述记录设备的数天后，我给该科室负责人发出一封约谈信，又经过数次电话沟通接触，最后成功地联系到他本人并且预约了会谈。

在传统的 4 步营销模式（接触—需求—展示—结束）训练下，我以一段令人舒服的谈话作为开始，这对建立信任关系非常奏效。接下来询问目标客户有关自身需求的问题，在这一部分中，我帮助他认识到目前设备存在的严重问题，而使用新式口述记录设备将会让他的科室工作更富有效率。经过 15~20 分钟，他逐渐认识到对于新设备的需求。接下来，按照所学到的，我开始展示我的高端产品，强调它受欢迎的特点和种种好处。

我现在已经知道——当时还一无所知——一旦目标客户认识到一项需求，他就已经从阶段 2（不满）进入阶段 3（研究），他的注意力已从“我该买吗”转移到“我该买什么”上来。他开始学习，努力去判断哪些功能对于解决问题而言是必要的。当我展示产品时，客户正在想：“嗯，我需要这些中的哪种功能呢？不能有功能 A，功能 B 看上去不错，但不确定是否会用到，功能C很好。还有一定要有功能D。”

当我结束展示时，我询问他是否预订。目标客户告诉我他需要时间考虑。他说将在本周稍晚时候查看一下预算情况，让我下周一再和他联系。当我离开他的办公室时，我知道他动心了，但对他觉得哪种功能最重要却没有任何概念。我在帮助他认识到对新设备的需求上做得不错，但却没有同他一起明确需求。那天我犯了一个反复提醒过你们的错误：我没有参与他的购买过程中去，我是从自己的视角出发认识销售的，而不是从对方的角度。

我当然按照他的要求跟进，但却遇到麻烦。最后我从他的助理那里了解到，他已经从我的一位对手那里采购了一套功能更为简单的系统。

现在，我所销售的那款设备早已经不见踪迹了，但类似的销售情景还在频繁出现——原因要归结为销售员的销售过程同客户购买过程之间的脱节。是的，我知道你肯定在想客户已经决定购买之时，你也就该向他们谈谈产品了。脚步放慢一点，这时候放慢步伐能帮助你提高业绩。

管理学大师彼得·德鲁克曾说过：“预测未来的最好办法就是创造未来。”本章内容就是教你如何成为一名建筑师，通过设计个性化的方案来满足客户所需。

从购买过程确定销售方向

作为一名学生，你曾研究过影响客户的变化；作为一名医生，你诊断过客户的不满并发掘出重要的需求。现在你处在客户知道“我要买些东西，但不知道该买什么”的购买阶段上，客户因此开始一段学习过程，确保选择的方案正对他们的需求。这一学习的过程发生在购买进程中的第三阶段（研究阶段）和第四阶段（比较阶段）。

如果你的买家非常担心自己会作出一个错误的决定（他们经常这样想），他们就会通过调查来满足需求该做些什么等理智的行动来确保他们作出正确的选择。

当客户处于购买过程的学习阶段时，你的首要目标是弄清他们脑海中的方案是什么样的，并为方案达到这一效果绘制蓝图。要做到这些，你需要成为一名销售“建筑师”，去设计客户乐于接受的方案，在为自己获得竞争优势的同时，用满足客户需求的最好方法来影响他们的购买。同时这样也能让客户不会左顾右盼，去购买你的竞争对手的产品或是服务。

客户阶段3：研究

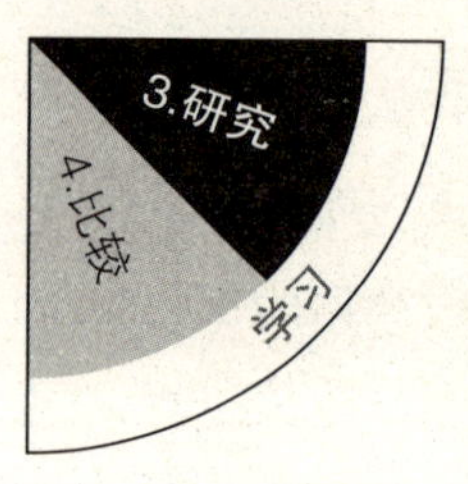

蒂姆想为自己的家安装一套安保系统，他分别约谈了三家卖主。

前两位卖家为蒂姆展示了他们专为四室两厅配置的标准化方案。蒂姆发觉自己问了很多有关产品和价格的问题来学习安保系统，这两位供应商均努力证明为什么他们公司的服务是最好的。

当第三位卖家如约而至后，蒂姆开始问同样的问题，可这位销售员反客为主地要求在做推荐之前，先询问蒂姆几个有关他的需求的问题。他问的问题对蒂姆触动很大：“你打算保护什么，人还是物品？”

这个问题一下子让蒂姆停下来，认真考虑安保系统的首要作用——也就是他特别想实现的。

蒂姆意识到他最大的愿望是保护妻儿，人身安全同财产安全比起来他更为关心前者。所以，从蒂姆的角度来看，安全是一项基本的需求，确保人身安全在系统中必须得到实现，而防贼就只是“可有可无”的功能。

在剩下的半小时里，以客户为核心的销售员继续询问蒂姆有关需求的问题，接下来他拿出一张纸，开始设计蒂姆的家庭安保系统，特别强调影响家庭成员安全的部分，例如运动传感器。在这期间，蒂姆松了一口气，觉得“总算有个销售员来帮我达到自己的目的了”。

第三位销售员的行为符合建筑师的角色，他使用了建筑师设计方案的方法，即便他的提案要比另外两位的方案花费高15%，但蒂姆已经对这位销售员和他的设计方案有了足够的信任，自然会同意进行额外投入。

小窍门：为什么蒂姆愿意为第三位销售员的方案付出更多呢

因为前两位卖得实在太快了，他们考虑的是，既然用户把他们找来而且对安保系统很感兴趣，他就一定会被自己公司的优秀产品和服务所说服。而与之相反，第三位销售员则花时间来了解蒂姆理想中的方案，帮助他形成更为具体的需求。换句话说，他能让蒂姆去思考。

如果你还在像蒂姆碰到的前两位销售员那样卖力地推销着，那你只能指望世界上没有第三位销售员类型的人了。或者更乐观的情况应该是，如果你的对手属于故事中的前两位销售员类型，而你能像第三位那样使用建筑师角色，你会在客户已和对手接触的情况下仍能占有优势。

客户制定方案的过程

当客户从购买过程的需求阶段转移到学习阶段时，他们也将开始做些研究。他们将：

- 谈论他们的方案必须或应该如何。
- 就你的方案中所具有的功能提问。

你需要记住的是客户刚刚处于学习过程的开始，他们正在寻找有助于作出更佳购买决策的信息。他们将开始确定用来评价备选方案相对价值的标准或条件——仅需一个购买标准就能作出或中断选择。记住：选择标准并不是什么对我们重要，而是什么对买家重要。

想想看，假如有两辆汽车大体配置相同，除了其中一辆有行李架之外。很明显，行李架是两辆汽车的一个区别，但是如果它对于买家非常重要，它就是唯一的购买标准。如果买家不太关心有没有行李架，那它就不是标准。那些在认清客户是否有相应需求之前就大谈特谈行李架功能，将给销售过程带来阻碍。客户变得越来越不耐烦而且可能会想："为什么我要买不需要的东西呢？"

客户在研究阶段刚刚形成对方案的印象，还没有开始对具体产品或服务进行比较。他们在考虑"什么方案最适合我的需要"。你要想帮助他们通过这个过程，首先要对自己的公司和方案如何区别于竞争对手有清晰的理解。正是你所具有的特性才使你的方案在解决客户问题时，较之对手的方案显得不同寻常和高明。懂得这一点可以帮助你同客户一起分析问题，这样他们将认识到选择可解决自己问题的方案是多么重要。不要谈论自己的产品，相反，要始终把话题放在客户问题上。

换句话说，你要在**塑造客户的购买标准时加入你的产品或服务的特别之处**。那样的话，当客户在购买过程后期开始挑选时，他们就会认识到他们看重的方面正是你方案的优势所在。最好的情况是，你正在设计的方案不仅可以很好地满足客户需求，而且能够设置对你有利的基本原则。**希望你能够在客户提出"我们为什么选择你"的问题之前就知道答案**。而且你的答案中需要包含客户看重的具体原因，因为它们同客户需求密切相关。

理解客户的购买标准

购买标准是指多种方案间的不同之处，是买家认为重要的差异。你的客户会将购买决策置于一系列标准之上。但这些标准并非都是平等的，既有绝对必要，**必不可少**的标准，也有用来界定客户是否中意其他方案的**可有可无**标准。如果所有推荐的方案都满足必不可少的标准，客户就会比较可有可无标准。

为了方便说明，我们还是看一个简单的例子。想象一下你是商业大楼承包商，你需要有一辆载重汽车在装货地与建筑工地之间运送垃圾。（之所以以载重汽车为例，是因为多数读者对它的熟悉程度和你的客户对你的产品或服务熟悉程度差不多）

你必不可少的标准是卡车必须要做到的事，它得装垃圾、运垃圾、倒垃圾，每种标准对于解决问题来说都是不可或缺的，而且有数百种汽车可供你直观地评估考虑。用这种思路，你可以把备选方案分为可接受的和不可接受的。

现在假设你选定两种汽车，它们都满足你的必不可少标准：装、运、倒。其中一种是装载量更大的双轴卸货汽车，称为方案 A；另一种是小一些的单轴卸货汽车，称为方案 B。既然两种都满足必不可少标准，其他还有什么区别两种备选方案的要素吗？表 6–1 列出 4 种可有可无的要素和两种方案的比较情况。

表 6–1　可有可无标准比较

标　准	方案 A（大卡车）	方案 B（小型卡车）	优势方案
价格	70 000 美元	35 000 美元	B
完成工作时间	容量大；　运次少	容量小；　运次多	A
人工费	需要更少时间	需要更多时间	A
维护费	更低	更高	A

决定买哪种汽车取决于你认同哪一种可有可无的标准以及对这些差异优先顺序的排列。例如，如果价格较之速度、人工费、维护费更重要，你将会认同方案 B。

假设你运输垃圾的合同中包含针对如果不能按时完成工作的严厉惩罚条款，在这种情况下，你会更倾向于方案 A，因为你的可有可无标准的优先顺序发生了改变。汽车的承载量，将对完工时间有直接影响，这使得它最为重要。仍显重要但强度会减弱的依次将是人工费、价格以及维护费。

客户购买标准是动态变化的

如果你确定了一位客户的必不可少和可有可无的标准，你就会站在一个比较高的起点上。但不要认为这时可以一劳永逸，为什么呢？

标准将随着购买过程发生变化。在购买过程经过不同阶段时，客户将对他们的需求以及如何满足需求有更多的认识，你需要经常与客户保持沟通，留意他们是否又增加了新的标准，改变一些标准的重要性，或者去掉一些之前本已认可的标准。

购买标准可能只是决策标准的一部分。我发现客户对不同潜在供应商的选择经常取决于一部分标准，即便客户为了作出决定曾确认了两倍或是三倍多的标准。为什么呢？在学习和比较阶段，客户经常发现你的方案中具有的某一重要特性，也可以在其他竞争对手那里获得，这一标准在决策中仍然重要，但已经对在你和其他对手之间进行选择毫无帮助，因此，它从最终决策时考虑的要素弱化到只作为一个背景参考的位置。

只有当你的工作可以与客户的大多数标准结合起来，并能反映他们随着时间变化的认知和标准的时候，你才能让客户认为你的方案是最完美的。这也就是为什么当客户位于研究阶段时，你最好的对策就是成为一名建筑师。

建筑师应该如何设计个性化方案

在需求分析过程中表现消极的销售员，单纯依靠客户来分析他们自身的需求。当客户处于研究和比较阶段时，他们又常以专家身份出现，插手介入并开始描述他们的方案，认为客户将会把自己的方案当作最完美的。

我见过很多有经验的销售员以“专家”身份出现，喋喋不休地谈论他们的方案，以至于毁掉在客户购买过程初期所建立的信誉所带来的极好机会。

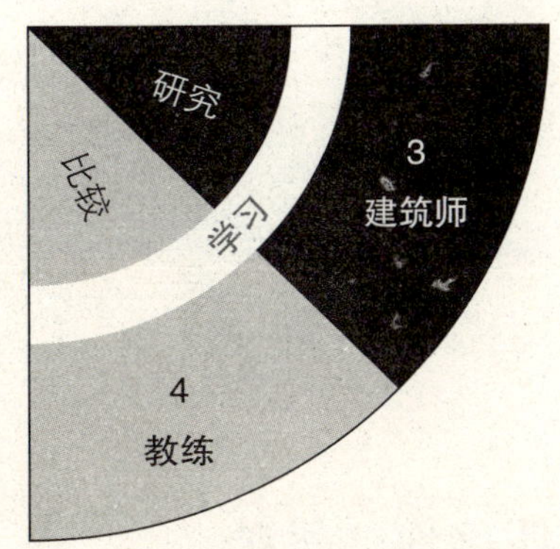

图 6–1　研究阶段建筑师角色

从现在开始，应该让你的对手犯类似的错误，而不应是你。极少有客户的需求恰好符合你所提供方案的特性，我们经常让客户自己分析需求，然后告诉他们我们的方案。如果在客户的研究和比较阶段之前，由我们来分析或者是确定他们的需求，效果将会更好，客户就像从医生那里得到另外的意见对问题能有更清晰认识。最好的方法是合作，通过更多的商讨而不是采取专家的思维模式来获得客户认同。

在我的销售研讨会上，我要求销售员们从目前处于研究或比较阶段的决策中发现一个销售机会，并对客户购买标准列出清单。很多销售员在完成这一任务上感觉吃力，他们会感觉自己在胡乱猜测。接下来，我又要求他们列出那些最近曾购买过自己产品和服务的客户的购买标准。这一次，他们所列出的清单就要长得多了。这说明很多销售员并没能及早发现客户的需求，虽然这些需求已被他们的购买标准所确定了。

小窍门：如何处理“让我看看你能给我什么”

目标客户在你一迈入门槛就说“让我看看你能给我什么”，你该如何应对呢？这是一位非常直接的客户，他可能已经投入相当多的时间来分析他的需求，或者是靠自己（阶段3研究），或者是同你的对手一起（阶段4：比较）。

有两种办法可以应对这一情况：第一种，你可以说“我带来了14种不同的服务，而每种又有多种选择。给您展示不需要的东西会浪费您的时间。如果可能，是否能先问您几个问题？”或者是，你可以展示你的产品或描述你的服务，来满足客户强烈的好奇心，然后马上回到确定客户正在努力解决的问题或抓住的机会上来。

不管你选择了哪种办法，你不能在对目标客户的不满和研究阶段毫不知情的情况下推荐方案，否则你将对未完全理解客户需求就展示方案的草率销售行为深感后悔。

明确你的优势

作为一名建筑师，你的工作是在你所提供的方案同目标客户必不可少及可有可无标准间创造最佳匹配可能。在同客户探讨他们的需求之前，如果能知道你的产品或是服务同市场上的其他方案的比较情况将会很有帮助。我将其看作是进行一次**市场评估。**

步骤 1：将目标客户在考虑你的产品或服务时使用的必不可少和可有可无的标准列出清单。这些标准来自客户的视角，并且反映了复杂购买团队中每位成员的关注点。

步骤 2：将你的方案同市场上其他有关备选方案对比。对于每种标准，确定你在哪些方面处于平均水平（与整体市场水平相同），以及哪些方面稍有或是具有显著的优势或劣势。

表 6–2 展示了一家销售 8 座飞机的公司所做的市场评估范例。这仅是一个范例，一份完全的市场评估将会有更多的标准，并将根据每个典型的决策者进行定制。首席执行官的标准将会与飞机驾驶员的标准有很大差别。

你在做的市场评估之前，一定要加入那些你认为具有特质的标准。

市场评估并不着眼于具体的竞争者，它瞄准整个市场情况。在这一销售阶段中，你尚不知道确切的对手是谁。通过与整个市场的比较，你能：

- 弄清你的实力（帮助你获得销售成功的特质）。

表 6–2　8 座飞机的市场评估

标　　准	等　　级
最大航程	A
航速	SS
起飞滑跑距离	S
舒适性	BA
保障维修	A
价格	S
品牌认同	A
引擎生厂商的水平	S
电子设备的先进性	S

A= 平均水平
S/SS= 优于 / 显著优于
BA= 低于平均水平
SBA= 显著低于平均水平

- 知道自身劣势。
- 做好更充足的准备，去听取客户与你的特质或是弱势相联系的关键词及问题。
- 不论是在这一阶段还是以教练身份制定获胜策略时（见下一章），设法为满足客户需求制定方案的同时，做好面对劣势和异议的准备。

建筑师的工具箱：如何理解并影响购买标准

正如本章开始所讲故事中的那位帮助蒂姆确定理想中安保系统的第三位销售员一样，你所扮演的建筑师角色，就是要帮助你的客户理清他们脑海中对于方案的认识。你要通过**帮助客户更好地定义他们的标准或展示他们可能认为重要的购买标准**，来让客户在做购买决策时选择你的产品和服务。如果这些标准恰好是你方案具有的特质，效果就会更好。

建筑师的工具箱由 4 种工具组成，供你在帮助客户形成方案的概念时使用。

1. 分析调查（如果需要）
2. 确立方案标准
3. 播下种子
4. 化无形为有形，将模糊标准变清晰

工具 1：分析调查

如果你已经制造出一次特别的销售机会，或者同买家一道经过购买过程中的阶段 1（变化）和阶段 2（不满），你会对买家的核心问题非常熟悉，知道他们存在的问题或者要抓住的机会，所以在这种情况下，你不需要再做任何的分析调查。

但如果这是第一次与客户交流，你当然希望最好能了解本该在医生角色时知道的情况，比如“告诉我出于什么问题或担忧让你开始考虑这次的购买”。有关他们需求的深度信息是你的秘密武器。但注意，客户可能并不希望在讨论需求上花费太多时间，因为他们将它视作一种倒退，因为他们已经前进到方案设计阶段了。

工具 2：确立方案标准

一旦你对客户的大致情况有了了解，你希望能确定你的方案应该满足的具体购买标准。可以提出的问题包括：

- 对您来说，理想的方案是什么样的？
- 在作出决定时，您认为哪些因素最重要？

- 下一个重要因素是什么？再下一个呢？（一直追问下去，直到他们再也给不出答案）
- 方案必须满足哪些标准？哪些是可有可无的？

要形成一个理想的方案，你懂得需要对客户而言不仅“什么”很重要，“为什么”也同样重要。方案本身需要将你在确定标准时使用的问题如“最重要的要素是什么？为什么它很重要？这些要素能帮助你实现什么？”体现出来；或者你可以一直等到这一过程末期，直到你已使用所有的工具来列出有关标准的一份清单，到那时再邀请客户讨论哪项特定标准很重要。

一定要记住：客户最初的购买标准能反映出你的产品或服务所有优势的情况是极少见的。但你能培育一些额外的标准，正如我接下来要讲到的。

工具3：播下种子

这一行动取决于之前的过程让你对哪些功能有益于客户的理解，这一理解要比客户的理解全面。你认为反映出的适合他们的标准（也是你方案具有的），客户未必能够重视。让客户认识到这一点才是挑战所在，而达到这一目的的办法就是培育客户尚未考虑的潜在标准。

当客户开始认识到你提出方案的价值，他们就会修正购买标准以反映你方案的特点。让我们来观察一下播种方法是否对客户奏效。

- 考虑一下你做的市场评估以及你具有的同其他对手比较得出的独特之处。
- 列出如果目标客户不采用你提供的特定功能，可能会遇到的所有问题。
- 确定所有你可以通过询问来帮助目标客户认识到上述事项重要性的问题。

在影响标准制定时，你的基本思路是向目标客户指出你的产品或服务能解决的问题，这意味着不要大谈你的产品，而要探讨如果客户缺乏某种特定功能将会遇到的问题，这能确保你们的交流始终集中在客户的需求和问题上。

你认为一些标准对客户来说很重要，但他们不这样认为，而你又希望他们可以采纳这些标准，为了播种类似标准的种子，可以提问以下问题：

- 其他客户曾告诉我们，他们在__________上遇到麻烦。你也有同样的问题吗？
- 能告诉我更多你了解到的情况吗？
- 你认为这些问题发生的原因是什么？
- 这些问题是如何影响你的销售（效率 / 运转等）的？

工具 4：化无形为有形，将模糊标准变清晰

有相当多的客户给出的购买标准只是描述出你的产品或服务笼统的特性，或者他们使用一种模糊的表达方式，如：

- 服务好
- 耐用性
- 售后支持
- 易用性
- 舒适度

即便一些你认为实实在在的标准，比如费用，在具体概念定义之前也是模糊的。客户所理解的费用是指“购买价格”还是“最低运转成本”？

如果你能将无形、模糊的标准变得清楚、具体，你和你的客户都将在购买过程中占有更有利的地位。从你的立场来看，你需要清楚客户究

竟在寻找什么，他们将如何评估你的方案。**如果你不清楚需求到底是什么，你就不可能证明你的产品或服务所具有的特点或能力与客户需求有关。**

同样重要的一点是，追求具体化也会同样让其他决策者明确标准和需求。否则你只能一路跌跌撞撞，直到明白“耐用性”对于一个人的意思是“两次故障之间的时间长短”，而对于另外一个人则意味着“要多久才用更换另一个同样的产品”。类似这些就是帮助客户学习的内容——让他们将无形的标准用单一、直观的方式进行定义。

要化无形为有形，一个方法是要让客户明确他们如何判断某项特定标准得到满足。如询问：

“你说的__________是什么意思？”

“你怎样评估它？”

回到载重汽车的例子上来，“可靠性”也许是个必不可少或是可有可无的标准，销售员该询问潜在购买者对“可靠性”的理解（最可能的回答是“每次都能发动”或是“不会经常抛锚”）。如果你销售的汽车从修理频率数据上看表现很好，那么你又有了一项可以证明的明确的标准。

小窍门：确定“明确的”定义

在销售过程的这一阶段，你会遇到的一个误区就是将一些术语、概念当成是“明确定义的”，也就不会向客户解释，但不要指望你的定义和客户的定义一样（除非你们在使用同样的工业标准）。

我曾向某家公司的多个销售员提问他们最大的卖点是什么，他们异口同声地回答“我们的质量数据”，我接着要他们每位都写下“质量数据”的定义。正像你能猜到的，他们的定义各不相同。如果同一公司的两个员工都无法取得一致，客户解释“质量数据”的结果同销售员相同的概率能有多大呢？

解决标准模糊问题的另一种办法是通过“你想利用这项需求达到什么目的”一类的问题让客户对标准进行重新思考。举例来说，我的一位客户是一家国际实验室服务公司。他们常会遇到一些目标客户说想和“小公司”合作（或者说我的客户的公司“太大”）。知道会碰到这类问题，客户公司的销售员必须时刻做好准备，去确定这类客户同小公司合作要达到的目的，或者弄清他们为什么反对和大公司打交道。在细致的引导下，目标客户常会谈论一下“同小公司合作”标准背后隐藏的含义，他们想得到的是“个性化服务”“较短周转时间”“可以在本地会谈的一个联系点”等。虽然我的客户公司永远不可能成为这些客户谈到的“小公司”，但这一要求下隐含的具体标准他们都能一一满足。

把对手陷入“无形标准”中去

服务、质量、价值在每个行业都会被频繁提到，但它们的真正含义是什么呢？当今一些广告公司喊着“我们有最好的服务”“我们有最好的质量”，但如果客户在夜里工作，而他们的办公室却在凌晨3点空无一人，他们怎么能兑现自己的承诺呢？

如果你是帮助客户考虑具体的标准的第一个人，你可以将这种模棱两可的情况转化为自己的优势。

例如，你的公司宣称能提供“优质服务”，但除非你当面问客户“优质服务对于你是什么”，否则你不会知道你能否做到这一点。

这种情况下通常导致的结果是，客户意识到他们对于“优质服务”定义的标准是无形的，这种不确定性在两个方面对你有利。首先，如果你是那个帮助客户深入思考并且表达出优质服务含义的人，你就能确保自己的公司可以最大限度地满足这些标准。其次，当下一次你的对手出现并且开始自夸他们的服务时，客户就会想：“他怎么能这么说呢？他们不可能没问过我‘优质服务’的含义就知道答案。”这个时候，你的对手就陷入你布置的陷阱中去了。

提供功能和标准更加匹配的方案

很多时候你会遇到这样的情况：客户并没有特别重视你提供方案的优势，或者客户认为重要的某些标准你无法达到。

如果对于一种容易评估的有形标准你无法达到，那么你就无能为力了。一家后勤服务公司如果无法提供客户看重的在线航运跟踪服务是没办法掩饰的，就像如果一家只支持 Windows 系统网络服务的供应商，不可能作出支持 Mac 系统的承诺。如果数据显示你需要 48 小时或者更多时间解决问题，你就不能向客户许诺能在 24 小时内提出解决方案。

但第一次听到客户提到的问题不是你的强项或者你并不确定你的方案能够胜任，也不要悲观泄气。经验丰富的建筑师可以采取两种策略：

- 让客户对他们的购买标准重新进行评估（还可能改变标准重要性的排序）。
- 找到其他替代途径来满足客户需求。

策略 1：让客户重新评估他们的购买标准

你可以使用两种办法来让客户重新排列购买标准的顺序：将一些标准上移或下调。

- **提升你具有优势标准的重要性**。一旦你确定了目标客户的必不可少和可有可无标准，你就应该强调那些你的产品或服务具备优势的标准的重要性（这类标准你从市场评估中能知道）。你要帮助你的客户认识到这些标准的价值。

- **降低你居于劣势的可有可无标准的重要性**。千万不要强调你有劣势的那些可有可无标准。在这种标准下，买家支持或反对你完全取决于他们的偏好，你对此无能为力。在购买过程中的这一阶段，强调那些你具有显著优势的功能是再好不过的。下一章将进一步探讨如何应对客户认为的你重要的弱势。

策略 2：找到替代途径来满足需求

正如我在建筑师工具箱的第四步探讨过的，你的方案能在多大程度上满足客户需求常常取决于标准是有形还是无形。

你肯定已经对客户想达到的目的有大致认识了，现在，焦点再集中一些：他们想用特定的标准达到什么目的呢？

这也是在探寻客户为什么将每种可能有用的标准考虑到方案中，因为可能还有其他途径来实现它。所以，我再重复一下我的建议：寻找任何有关他们想做什么以及他们希望如何去做的细节。同时，谈谈那些导致他们提出需求的经历。像前文提到的实验室服务公司的例子，客户希望与“小公司”合作的愿望极可能来自过去与大公司合作的不愉快的经历。

如果你遇到一项你居于劣势的标准，而且你清楚标准产生的原因，你的第一个想法应该是你的实力或特质是否可以满足那些标准背后的理由，如果此路不通，你就该开始头脑风暴，看看你的公司有没有其他途径来满足潜在的需求。

假设飞机供应商遇到一位非常看重“舒适性”的客户——但那恰恰是这个供应商的一项低于行业平均水平的特质。探究为什么舒适性对于客户如此重要，他们会听到诸多反馈：“我们的海外航班希望装有舒适的座位和沙发。”“我们运送来自全国的团队，我们需要有 5 个人能够围坐开会的空间。”如果他们得到的是前一种回答，他们可以通过改变海外航班的较高速度（同短途航班持平）来调节舒适度。

如果他们得到的是后一种答案，他们可以测量机舱规格和其他能便利飞行会议的特征来说服客户。需要注意的是：类似的头脑风暴应该在会后做，而不要当着你客户的面进行。一旦你做了满足客户需求的最大努力，你就可以回到客户那里去展示你的方案，或者把你认为的最佳方案放在给客户的建议当中。创造性是建筑师解决设计难题的一大利器。

提供能匹配客户需求的唯一方案

如果你不知道客户的购买标准，或者发觉自己一直在猜测，那么你要把它当作说明你没有将重点放在揭示客户需求上的一个信号。如果能让客户更好地理解他们的购买标准并让他们注意到之前没有考虑过的重要事项，你就已经在客户的购买过程中加入重要的价值。

如果想取得更大的销售业绩，你必须参与创造满足客户需求的特殊方案中去。当你为客户设计的方案包含只有你有资格强调的标准，你就设定了对自己有利的基本规则。但为了达到这一目标，你必须再一次抑制住过早推销方案的冲动。相反，要先设计可以将对手排除掉的以客户为中心的方案。

第七章　教练

「制订计划打败对手」

最近，我遇到一位在某家大型薪金处理公司的全国客户组工作的销售员。我们当时正打算参加他之前同一家医院的人力资源副总裁约好的会谈，这家医院的雇员超过 3 000 人。销售员告诉我，这家医院的人力资源副总裁前一周曾给他打过电话，表示对一套最新的员工福利管理系统感兴趣。

这位销售员预期这次销售将会很有挑战，原因是他公司的强项在于提供满足人力资源、员工福利以及工资分析等不同需要的合成方案。在集成方案的每个组成部分上，公司都有各自不同的竞争对手。打个比方来说，因为他在销售厨房洗涤池，就价钱而论，他预计会遇到一个真正的麻烦：他正把洗涤池销售给一位认为自己只需要一个新水龙头的客户。

会谈开始，目标客户重申她很想寻找一套满足员工福利管理所需的方案，销售员询问她对方案的其他领域需求：人力资源、薪金处理、税务和合规等。但他的问题没能引起目标客户的兴趣，她继续坚持自己对于员工福利方案的理解。最后，销售员展示了他的员工福利系统产品的功能，并同意接下来给出方案。

会议快结束时，这位人力资源副总裁说："顺便提一下，我们的培训总监最近辞职，我正在寻找一位替代者。如果你有合适人选，请告诉我们。”销售员回答：“没问题，要求是什么呢？”副总裁列出一系列要求：10 年以上组织开发经验，在健康护理领域担任总监 3 年以上，在雇用、管理内部课程开发上经验丰富，有能力分析生产问题等。

之后，销售代表问我：“你对这次会谈怎么看？”我回答：“你现在对她的雇佣标准了解得要比购买标准多。”我告诉他，我感觉他卖得太快了，他太过于关注推销产品的功能特点，以至于不能找出这些功能所能满足的客户需求。他的销售策略存在瑕疵，最终他把这次销售机会拱手让给了能明确客户需求的人（客户需要只针对员工福利的方案）。

类似销售技巧上的失误是我在这几个章节反复忠告你们的原因，当客户告知你他们有一项需求，放慢脚步去探明这项需求的细枝末节。只有获悉需求以及潜伏在需求下的原因，你才能制定获胜的策略。人力资源副总裁改变雇员福利管理系统的愿望如此强烈，如果这位销售员能了解到背后的原因，他可能至少会为合成解决方案的一部分功能找到支持理由。他不需要卖出整套厨房洗涤池来打败那些销售水龙头的销售员，水龙头外加另外任何一种组件，就足以使任何单一配件竞争者出局。

不幸的是，很多销售员缺乏战胜对手的知识和技巧，他们不能让客户相信他们的方案是最好的。他们需要培养教练具备的技巧：分析对手，选择适当的战术，制定策略来取得胜利。本章内容就是关于如何培养这些技巧来让你在更多销售中获胜的。

位置分析

专业销售人员要时刻假设自己将遇到很多的对手。即便你曾与对方有过业务往来，与之前的支持者关系不错，也不要认为这些情况将会保证你的下一次销售一定成功，要时刻想到目标客户将会货比三家。

幸运的是，如果你开始与客户联系并引导他们经过购买过程的前三个阶段（变化、不满、研究），你就会在他们步入第四阶段时占据一个强势地位。你对他们的需求的深刻理解和对他们形成心中理想方案的协助，将使你较之竞争对手具有很大优势。**事实上，你已经利用建筑师角色明确了比赛场所，而现在又要以教练身份上场了。**

但是，当目标客户联系你时——像上文提到的人力资源经理案例——你是第一个与他们联系的人还是第二个（或是第三、第四个……）非常关键。老实说，你越晚出现在客户的购买过程中，你获胜的可能就越低，因为客户已极有可能通过与你的某一位对手的交流明确了自身的需求。

这种显而易见的危险来自你的对手们会用对其方案有利的手段去明确客户的需求。此外，还有另外一个危险，保罗·纳特在他的《决策为什么落空》一书中研究了400个行政决策，结果发现将近一半决策以失败告终——或者没有被执行，或者在几年之内半途而废。失败的主要原因是执行主管们只抓住展现在眼前的第一个方案，却对其他机会熟视无睹。

3种切入点和你的选择

你需要考虑3种可能的情况：

情形1：客户意识到变革的需要（购买阶段2：不满），而且开始研究（阶段3）来确定可能的方案。他们最先找到你，脑海中还没有任何具体方案的概念。他们希望能从你那里学到东西。

情形2：客户已经自行确定了具体的方案（结束阶段3，正过渡到阶段4比较上来）。他们最先找到你，但脑海中已经形成了一个相当清晰的方案。

情形3：客户同竞争对手一道进行研究，已确定位于比较阶段，正在从多家卖主那里寻找信息。你不是他们第一个找来的人，而且对手已经塑造了客户对他们方案的理解。

情形1对你来说是个好消息，它意味着你可以帮助客户确定理想中的方案，要求你扮演医生角色（问诊）和建筑师角色（形成方案），这些已经在前几章涉及。

情形2和情形3更有挑战性，如果能让客户重复他们购买过程的前几个阶段，让你对他们的需求有充分了解，从客户的想法、对手提出的方案来评估你所在的位置，这是最理想不过的。但客户可能不愿意花费时间去重复这些步骤。

现实面对成功概率

当一个销售员并不是第一位获得交流机会时，他常犯的另一个错误是过高地估计他们销售成功的概率。他们回答客户问题，提交产品，向老板报告至少有7成把握成功，但实际上，成功概率可能会小于一成。

事实上，基思·伊迪斯在《推销最新解决方案》一书中介绍，IBM集团发现当自身没有介入为方案定义需求过程中时，最后会失去93%的销售机会。所以即便是对IBM老练的销售员而言，成功概率不过是7%。这也是需要寻找机会的另一个原因。你创造的机会越多，你成功的概率就越大。如果你很幸运，比如对手没有读过这本书，他们仍然在用过快的速度销售，犯更多的错误，那么你登场取胜的概率就会增加。

一位客户最近和我取得联系，他正忙于和多位供应商沟通（该公司处于比较阶段），我并没有取得这次销售成功的把握，部分原因是我没能得到和复杂购买团队中的核心角色——既是权力掮客又是守门员（努力保护其他8位团队成员不被我们骚扰的人）交流的机会。这也就意味着我没有机会去完全了解这位客户的需求，不能证明我公司的方案如何满足客户需求、为什么是最理想的。

我该做的就是同这位权力掮客兼守门员第一次谈话时说："很荣幸你对我们的公司感兴趣，我们很高兴有机会能提出建议。我需要占用你一小时的时间，来确保充分了解你的需求并确定我们能提供相应的最佳方案。"我猜测她会拒绝，这说明她来找我只不过是个形式上的需要——

她的公司需要多个竞标者。她已经作出决定了。

如果复杂购买团队中的某个人没有考虑一个合理的会谈请求，那不过是说明他并不看好你。说明决策者已经作出选择的其他信号包括：

- 使用竞争对手才会用的术语和性能标准用语。
- 你的主要联系人和复杂购买团队其他成员给出一个强硬、极短的截止日期（他们不能给你一个让人信服的理由来解释为什么要你尽快作决定，他们只不过是想尽快交差）。
- 你很难通过守门员这一关，他要么对你的信息不理不睬，要么不接电话。如果你能和他谈谈，询问一些对于你方案看法的具体问题，注意观察守门员的语调，他们给人的感觉是希望这次会谈或是电话快点结束。
- 整个公司，甚至你的支持者对你的信息请求反应迟缓。
- 你没有一位支持者，没有人希望你能取胜。

如果你发现这些危险信号，你仍可以继续销售工作，但对成功的概率的估计也要现实一些。

小窍门：不要直接挑战已作出选择的决策

如果你猜测已有人给你面对的决策者们提交过方案，而且他们对该方案比较认同，千万不要直接挑战这个决策，那将给他们一个保卫自己所作选择的最好理由。你或者可以放弃销售，或者把它当成在面对诸多不利因素下的一次锻炼机会。

这些例子要告诉你的重点是：希望你能成为**第一个明确客户需求和方案**的人，能做到这一点需要你努力开展业务。如果你不是第一个，你需要更加努力去工作。你可以通过《读懂你客户的想法》来帮助客户认识到重新确定需求所蕴涵的机会。

在本章中，我将为你讲述当遭遇情形 2 和情形 3 时该怎么处理和如何指导客户重复前几个购买阶段。我会教你如何成为一名擅长制定必胜比赛方案的教练。如果你不想输给对手，你就应该锻炼一下具有竞争力的销售技巧。

客户阶段 4：比较

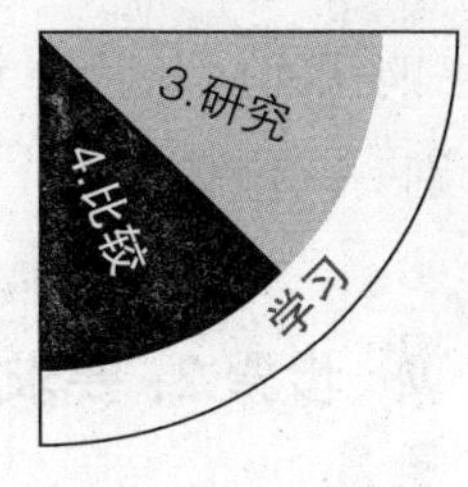

客户总想确保他们作出的购买决定是最好的，所以一旦他们完成研究阶段，他们就开始货比三家。

当你的客户处在比较阶段时，竞争也最为激烈，你经常会听到“你的产品有什么不同？”或者“为什么我应该选择你？”的话语。

理解在比较阶段客户身上会发生什么，将有助于你懂得在什么时间、以什么方式与他们联系。

你遇到的很多复杂购买团队在作出重大决定之前需要有两个或者更多选择方案。原因可能是由于他们的公司有禁止获得独占资源的规定，或者是公司已经制定了比较备选方案的制度。

不管是哪种原因，均说明在客户阶段 4（比较）的大部分情形下，客户要经过 4 个步骤：

1. 用必不可少的标准考虑唯一的方案。
2. 要求展示。
3. 在每种方案中确定其他可有可无标准。
4. 确定优先选择的方案。

步骤 1：用必不可少标准考虑唯一方案

在比较阶段早期，目标客户的守门员（现在肯定已经产生了）必定会联系各种各样的供应商。不符合必不可少标准的方案将被很快剔除，从而简化（至少在某种程度上）一个复杂的购买决定。

因为价格是最常见的必不可少标准，所有的方案必须在可接受的“价格范围”内才会被考虑，正是这个原因，使得价格在这一阶段经常暂时不被考虑。这时，ROI 权威正在幕后，委派对问题了解更清楚的人作为代表评估方案，买家的注意力会集中在除价格以外的不同方案所具有的差别上。如果购买团队不能发现各个可接受方案之间有其他显著差别（购买团队认为差别非常重要），他们的购买决定将建立在最显著的差别——价格之上。

步骤 2：要求展示

现在，你的目标客户将通过你的展示，或至少是你对方案的清晰描述，来供评估不同方案。买家的首要问题会是：“我们的最佳选择是什么？”

步骤 3：在每种方案中确定其他可有可无标准

检查潜在方案之后，客户将继续他们的学习过程，确定备选方案中他们认为重要的其他差别，这是对购买标准进行调整的一种办法，你该把握住变化的形势。

小窍门：不要盲目地回应方案征集书

如果你针对企业进行销售，当处在比较阶段的某处时，你的目标客户会发来方案征集书或是要求你做一次正式的展示。给你一条重要的忠告：如果招标书是你所得知的第一个关于这次销售的机会，那说明你进入购买过程很晚，不管有没有其他的竞争对手，最终获胜的概率也很低。

戴维·乌尔曼在《制定稳健决策》中讲到一个故事：某公司向多个供应商发出方案征集书，供应商无不百依百顺地递交了详细、内容丰富的提案。而该公司通读这些方案后，意识到最好去改善最初的那份方案征集书，结果就是各个供应商重新编制提案。

如果是我碰到这种情况，我会给客户打电话说："谢谢你发来的方案征集书，我需要占用你一小时来提一些问题，以便更好地理解我们是否满足你的需求。"如果客户拒绝，我就会知道销售成功的可能性极低。如果他们不打算给我一小时，为什么我要花20小时来回应方案征集书呢？

阶段4：确定优先方案

当客户确定了他们倾向的方案——希望是你的，比较阶段才算结束。

对于处于阶段4中的客户，你需要充分利用掌握的所有信息：对他们需求的了解、对自己产品或服务的理解、对手所提供方案的信息。

最终你要依靠对客户的了解以及你在建议或提交展示中所构想的方案获得胜利，我将在下一章讨论这个节点；在你把每件事落实到文字之前，你还要制定策略来赢得这场比赛。

教练如何制定比赛获胜方案

教练，是以购买为中心型销售的第四个阶段（比较）所对应的销售角色。销售员扮演教练角色的目标是用诚信获胜。

如果你一直采取传统的、销售核心型的销售方法，提前告诫你：即便现在客户处于比较阶段，你也要克制住快速销售的冲动。你现在已经清楚地看到客户的需求并急切地想要谈谈自己的产品或服务，但如果你提前将产品或服务信息提供给目标客户，那他们就不会有与你继续谈论

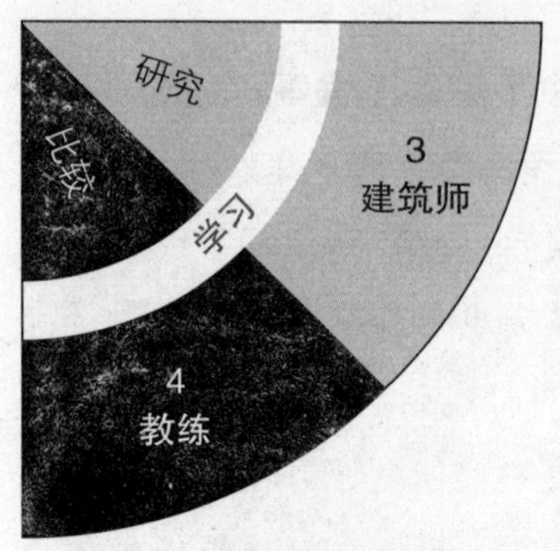

图 7–1　比较阶段教练角色

的兴趣了。这实际上意味着，你恰恰在对手出现的非常时刻结束销售，切断了自己与客户之间的联系。在制定取胜策略时，通过小心控制你提交给客户的信息量，并借助"建筑师的工具箱"继续询问更多的问题，你就能在这一客户学习的关键阶段和他们保持沟通（图 7–1）。

最好的教练首先评估选手实力：你的客户、你的对手，还有当然就是你的团队。然后开始选择竞争战略、参赛方案去打败对手。一旦游戏开始，教练必须表现灵活，随着有关竞争形势以及客户信息的增多，适时对参赛方案进行调整。

刺探对手

一份可以获胜的销售方案与足球比赛方案最大的区别在于：在足球比赛中，你很容易确定对手，但在销售过程中却不能。你的对手可没有穿着特殊颜色的运动衫，而且他们不会在你面前带球跑。

你该如何确定面对的对手呢？

最简单的一种办法是直接问你的支持者。

另一种办法是注意目标客户的异议。异议经常是对手关于你、你的产品和服务，以及对你的企业评价的重复。聪明的销售员对这些反对意见非常敏感，它们不但暗示出谁在与你较量，而且暗示出对手的销售策略。

还有一种确定对手的方法是问你的目标客户："为了作出这个决定，迄今为止你采取了哪些步骤？"如果目标客户回答他们已经开始评估各个供应商提供的方案，再问："请问一下，你从其他供应商那里发现哪些功能能成为你方案的重要组成部分？"他们可能会说不方便分享这方面的信息，但多数情况下，他们会透露一些竞争对手提出的具体功能，你能从这些线索中知道对手是谁。

如果你持续地与对手对抗，你应该已经完成对竞争对手的刺探，你会发现他们对付你的方法。如果还没有，下面的五个方法将帮你开始：

- 查看对手的广告、网站和销售分支机构信息，对每位对手的卖点列出详细清单。
- 问你现在的客户（他们都曾经评估过你的方案），哪些方案影响了他们的决策。和他们谈谈找出他们选择你的原因。
- 趁他们还记忆犹新，尽快同从对手公司跳槽而来的同事聊聊。
- 列出最常听到的关于你方案的异议，查出哪些是由竞争对手引起的。
- 列出那些你相信将作为对手强项的优势，这将帮你判断他们将如何对付你。

小窍门：瞄准你最强硬的对手

一个曾和我交谈过的足球教练告诉我，在每个赛季开始前，他会从十场比赛中挑出3名最强硬的对手，然后为整个赛季制订可以最大限度地打败这3名对手的计划。你也应该考虑这样做。

现在你知道自己面对谁，他们的销售策略是什么样的，是时候准确判断你的方案同竞争对手方案的优劣了。

竞争分析

在学习阶段，作为一名销售建筑师，你通过进行市场评估来确定典型的购买标准，评估自己具有主要的优势和劣势（阶段3通常在竞争产生前出现）。接下来影响客户标准，使你的优势能包含进他们的标准中去。如果你做得很好，当客户处于阶段4（比较）时，这些标准就可以成为他们衡量供应商的标准。

作为教练，你需要找出对手所提供的东西，并用同样的方法确定它们的长处和不足。我把它称为竞争分析。以前一章 8 座飞机为例，分析结果见表 7–1。

表 7–1　8 座飞机的竞争分析

客户确定的购买标准（优先性排序）	竞争者 / 等级			
	品牌 A	品牌 B	品牌 C	优势品牌
最大航程（英里）	3070 A	3250 S	3000 A	品牌 B
航速	0.92 马赫 SS	0.8 马赫 A	0.8 马赫 A	品牌 A
起飞滑跑距离（英尺）	5140 S	5878 SBA	5000 S	品牌 C
舒适性	选择较少 BA	几种选择 A	最多选择 S	品牌 C
价格（百万美元）	10 S	10.75 A	11.5 SBA	品牌 A
保障维修	24/7/365 A	24/7/365 A	24/7/365 A	—
品牌认同	A	BA	S	品牌 C

A= 平均水平
S/SS= 优于 / 显著优于
BA= 低于平均水平
SBA= 显著低于平均水平

如果客户认为对某特定能力而言相互竞争的备选方案是同等的，决策者就会将注意力放在备选方案剩下的重要差异上来。例如，如果三家飞机供应商都满足 3 000 英里航程标准，那么航程问题就会被扔在一边，它对于买家仍然重要，但无助于帮助他们进行比较挑选。取而代之的是，买家会关注其他认为重要的差异。

不要把你的竞争分析局限为特征清单，将你的产品或服务与对手的比较工作简单化，那就相当于将橄榄球四分卫同侧卫比较一样，这样的考虑是不全面的。

小窍门：将所有决策者的标准包含进去

在做你的竞争分析时，确定包含的标准能反映复杂购买团队所有决策者的要求——用户的操作要求、整合者对兼容性信息的兴趣、ROI 权威对购买价格和整个使用周期费用的偏好等。

想知道这种方法的作用，想象一下你的一位目标客户正在反复挑选，问问自己下面的问题（你在做销售展示前需要这些信息）：

- 我对他们的购买标准的了解是怎样的？
- 对我的目标客户而言，第一重要的是什么？第二重要的是什么？第三重要的呢？
- 我在哪些标准上具有优势？
- 我在哪些标准上存在不足？
- 现在谁的处境更有利——我还是对手？
- 我能采用什么措施来影响客户的标准，让他们看到我的方案能更好地匹配他们的需求？
- 客户选择我而不选择我的对手的三个原因是什么？

小窍门：从最近的购买者那里寻找帮助

最近曾从你那里购买过的人目睹过整个竞争过程，所以他们可以提供大量的信息。和他们谈谈是非常值得的，你能知道自己的产品或服务同市场上其他产品或服务的比较情况。问问他们你可能就会知道为什么他们选择你，他们发现了你的哪些优势。如果你和他们关系很好，可以请求将对手的方案发给你。

5 种获胜策略

如果你同客户一起经过他们的前几个购买阶段，你会在帮助他们形成购买标准过程中发挥作用，所以应该对竞争担忧的人肯定不是你。如果你在比较阶段才刚刚加入进来，你的整体目标是让客户重新确定对你有利的需求。

对赢得新交易来说有 5 种基本策略，根据特定情境和发展动态选择适合的策略将让你获得制胜的良机。

1. 抢占制高点。如果你的团队要比对手强得多，可以采用直接的办法，通过强调你的实力，弱化自己的不足来压制对手。你进入购买过程越早，用这种办法获胜的可能性就越大。如果你从一开始就参与进来，那么就意味着由你来创造这次机会,你已经在实施“制高点战略”了。（建筑师角色本质上说属于这一策略的一部分，因为用这一角色你帮助客户设计头脑中的方案）

2. 反其道而行。教练们称此为“误导术”。如果对手让客户朝着某一方向学习，你可以装作与他们处于同一方向，然后突然反向到另一方向。通过重新设计客户的概念，来对对手迂回侧击。

在说明管理层与领导层的不同时，史蒂文·科维认为：“管理层决定沿成功阶梯前行的效率，而领导层则决定梯子是否倚在正确的墙上。”如果对手第一个出场，他们可以掌控客户购买过程中的那个梯子，但这个梯子是否倚在正确的墙上呢？如果能让你的客户追求更新、更特别的方案，是否会对客户更有利？（注意：如果你在客户群中有一位坚定的支持者，这种策略将会发挥作用）

3. 暂停比赛。在职业足球比赛中，如果教练认为裁判判断有误——不管裁判怎么认为，教练认为是错的——他可以紧急喊停，目的是暂停比赛，让裁判有机会调取录像回放，确定是否执法失误。如果你作为竞争销售教练，应用这一策略的目标是相同的：拖延作出决定的时间。如果你能拖延几个月，客户的购买成员（决策者）、业务需求甚至可能是经济形势都会发生变化，从而为你开辟一条新路。

4. 借用对手的帮助。如果按照目前的情况你判断无法在整个方案上获胜，可以暂时追求获得其中一方面的胜利。这有时又被称为“抢占滩头阵地”。看看是否能让客户相信混合方案对他们最有利——将你所擅长的方案部分和优势对手的部分结合起来。利用这种办法，你可以接近客户，并随着时间的发展，获得发展关系的机会，让你获得更大、更复杂的项目。

5. 利用好标价冲击。有时（比你想象的要多）你的对手没能确定预算界限，所以他提交方案后，目标客户会大为吃惊。如果你有所准备，你可以利用客户重新评估的机会溜进来。如果你不是第一个登门的人，确保你了解该项投资的预算是否已经确定。

总而言之，在竞争评估中显示你处于优势地位时，你能运用“抢占制高点”方法；如果处于劣势，就考虑另外几种。让我们再仔细审视一下每种策略。

小窍门：与支持者保持近距离接触

再没有比当目标客户处于比较阶段时，同支持者保持密切关系更重要的了。你需要有个人来诚实地解答你的“我的位置是什么”一类的问题，帮助你理解你的方案为何同对手相比略逊一筹，给你提出建议如何占领制高点，反其道而行或是争取分得一块蛋糕。

策略 1：抢占制高点

你第一个上门并帮助客户形成方案框架，而当竞争对手出现后，你必须用更清晰具体的条件来定义客户对方案的印象，继续强化你的团队的优势地位。很多你曾在建筑师角色中使用的方法技巧仍然适用于教练角色。

在销售过程的这一节点上，你的目标客户正考虑诸多购买标准，其中的一些是你的强项，而还有一些则是你的弱项。因为你的整体竞争地位是由你各种各样的长处和弱势组合而成的，获胜的方案相应包含几种策略，而不仅仅是一种。**你需要根据每种客户标准做不同发挥。**怎么发挥取决于你的相对位置。如果一种标准所处的环境同另外一种的环境存在差别，你需要做两种不同的准备。我将以表 7–1 所示的飞机为例，为你制订“制高点”计划提供 5 种选择：

1. 通过向买家清单中增加你理想标准来对自己的弱势重新包装。假设你是品牌 C 的销售员，你的报价比其他两名竞争者要高，这是个大问题。但你掌握的转售数据表明，经过 7 年的使用，你的飞机价值还高达 100 万美元。所以，这时同最强有力的价格优势对手相比差别不过区区 50 万美元。转售价值是否也该同时考虑呢？

2. 强调并增强你的长处。如果你在销售品牌 C，那么在舒适性上较之品牌 A 具有很大优势。多围绕这一点提出问题，用更多与你优势一致的具体条目去定义舒适性。

3. 将你的方案同客户现有的设备和流程联系起来。目标客户是否拥有同一个品牌的其他机型？如果有，那意味着相对更少的驾驶员培训，自行维修时对不同配件或工具的需求也将减少。你是否在很多机场设有维修设施可供目标客户使用呢？

4. 修正客户的误解。对客户的误解要保持时刻的警惕，它往往产生于竞争对手的错误或半真半假的描述。

5. 从对手的优势中寻找缺点。如果你在销售品牌 C，品牌 B 有更高的速度，但这也意味着它耗油将比较多，而且对于环境敏感型买家来说，这意味着很大的碳排放量。

如果你在向复杂购买团队销售，每位决策者排列购买标准的顺序将不会相同。你要将自己放在一个具有更强竞争力的位置，分别考虑每位决策者的标准排序，至少为每个决策者找出三个选择你的理由，然后使用上述方法选定适合每位决策者的最佳组合。

小窍门：当需要时重新使用建筑师身份

在建筑师章节我已经告诉你：客户用来作出购买决定的标准随时间而变化。我希望你能同支持者保持联系，时常检查看是否有新的标准产生，是否某些标准的重要性做了调整和去除一些标准等。

即便是扮演教练角色，也要利用建筑师的工具箱来更新购买标准：

- 分析调查
- 确立方案标准
- 播下种子
- 化无形为有形，将模糊标准变清晰

再回顾表 7–1，想象自己销售品牌 A 飞机，你最主要的不足极可能是舒适性（除非同品牌 C 相比，额外的 140 英尺滑行起飞距离会对机场产生影响）。你需要决定该怎么谈论舒适性，因为这一话题极可能在同目标客户交谈时涉及。另外，使用“制高点”战略你有 3 种方法获得成功：

- 你清楚自己在电子设备上具有优势，虽然这没能被客户认定为标准。当飞机剧烈颠簸时，你装备的电子设备在稳定性上表现突出。你可以通过播种应对“恶劣天气”功能的种子，培养客户的潜在需求。（这或许对任何飞机使用者，包括如飞行员都很重要）
- 重新定义对于“保障维修”的理解，你可以提供给客户负责飞机不同方面（电子设备、刹车、引擎等）设备维修的工程师的姓名和电话号码。

- 强调你的飞机发动机是由世界知名厂商生产的。

小窍门：考虑模拟演练策略角色

很多销售专家告诉我，如果他们之前和同事一起试演过这些角色，他们在真实环境下应用“制高点”方法时就会更自然。我们已将其作为研讨会的固定项目，人们发现进入具体语境要比之前全凭想象要有用得多。

策略 2：反其道而行

一位同事最近问我使用反其道而行策略的频率，我的直觉想说“很少”，但当仔细考虑后，我意识到其实几乎在每次不是第一个进入购买过程的情况下，我都用到了反其道而行策略。前而的讨论已经告诉你原因：较晚进入客户过程使我不得不假设对手已经明确了客户对方案的要求，唯一获胜的方法就是先把门打开一条缝，让客户有接受替代物的可能。然后我再采用医生角色提出有效的诊断问题，用建筑师角色为买家构建新的标准概念。

使用反其道而行策略的优点是你能提出让那些客户取得比他们设想还要好的结果的办法。想想那些采用新颖、与众不同的方式应用你的方案的客户，他们较之其他用户从你的产品或服务中获得更大价值。那些“超级客户”同其他客户相比在做法上有什么不同呢？如果这个问题的答案是“超级客户”有与一般客户大不相同的观念，那么你就该出于职业责任，来为一般客户引入全新概念，同时对你传递给客户的新奇方案列一份清单。你的公司与别的公司相比有哪些具体差别，或者是可以具有的差别，你该如何让买家认为这些差别很重要呢？

当你得知对手在塑造客户头脑中标准上做得很好时，你就到了实施反其道而行策略的时候了。千万不要拖延，你等待的时间越长，成功的可能性就越小。

采用反其道而行策略的动力有两点。首先是你希望取胜；其次是你希望可以帮助你的客户从其他方向获得更大的价值——通过定义不同的需求来达到这一目标。这就是为什么你需要快点行动，你离他们的需求阶段越远，你利用反其道而行策略成功的可能性就越小。到了购买过程的后期阶段，反其道而行策略对客户来说看上去像铤而走险。

假设你在销售品牌 C 飞机，它的价位更高。如果客户认为除了你的价格高外，在其他方面所有可选方案都差不多（他们没有重视你的产品的长处），你需要一部新的剧本。你知道自己可以为客户提供其他选择：从你的公司购买多种飞机的使用共享方案，通过支付月费或按小时收费，在接到通知的 4 小时内，你的公司就可以就近安排任何规格的飞机给客户使用。客户下周需要在巴黎使用一架 12 架飞机？没问题。之后要在里约使用 3 架飞机？没问题。

现在竞争形势将被完全逆转，如果客户能够预支一部分费用就可以使用一个飞机编队，为什么他们还要在单独一款飞机上投入上千万美元呢？而且还有保险、燃油、飞行员、给养等各方面的费用。

但要警惕，反其道而行策略会有风险，如果使用不好，客户就会认为你是在无视他们的需求，而不是在努力去重新定义它们。

策略 3：暂停比赛

如果你感到对手要赢，你可以采取的办法是要求客户拖延购买决定，而需要使用的“诱饵”是客户对未来的担忧。对客户而言，在购买过程中所犯的常见错误就是只盯着眼前，客户评估方案来决定哪一种方案对当前情况来说最佳，但经常没有考虑过未来如何，不知道 6~12 个月之后需求会发生哪些变化。

通过暂停，你要建议客户着眼未来 1 年的变化，思考一下目前已经出现的变革或者公司内外即将迎来的潜在变革。例如，他们会做技术升级吗？是否正在经历组织变革？如果在决定本次购买之前稍加等待，某家供应商的产品是否会升级换代或是服务发生变化，继而给客户带来更多的附加值？假设你销售无线服务，而你的公司将要在下半年升级无线网络，那时你可以为客户提供更多的新功能和应用。你可以将你的“未来”同客户需求联系起来，鼓励他们稍加等待。

这一策略另外的好处是给自信满满的对手带来的影响。当客户购买过程的车轮突然来一个急刹车，位置靠前的销售员会努力试着让客户前进完成销售，这会让他们在客户那里失去信任，继而让你在几个月后占有一个更有利的位置。

策略 4：借用对手的帮助

有时候，我们很清楚自己的方案并不是客户的首选方案。我们赢得整个销售的概率很低，但这并不意味着我们应该放弃。

还记得本章开始时提到的那位试图“转变”人力资源副总裁对雇员福利方案认识的失败的销售员吗？让我们假设销售员成功实现逆转——使得最理想的方案是一个整体方案（包括对人力资源、员工福利以及工资处理的需求）。

现在把你想象成那位只销售“水龙头”的销售员——“水龙头”仅仅是新方案的一部分。根据客户新的购买标准，你感觉自己不会赢，于是你只在员工福利方面紧盯不舍。假设你的员工福利方案非常优秀而且能同对手的工资、人力资源部分实现无缝对接，你完全可以争取到客户业务的部分份额。

一旦你在某一方面与客户达成交易之后，你可以与客户建立合作关系、对你的成绩进行评估、同关键决策者分享成功——这就是我所称为“农夫”角色要做的（第十一章将会进行详述）。也如你所知，销售给已有的客户要比销售给新客户容易得多。与客户建立点对点的联系有利于你将销售扩展到更大范围，而且客户能够通过各种最优单个方案组合达到自己的整体的目标。

当你发现自己可能会失败时，可采取的另外一种办法是让你的支持者从方案中选出一项他们认为最特别的差异或是他们认为最重要的功能，然后把你的重心放在这方面上。戴维·乌尔曼博士曾论述过关于复杂购买团队如何制定最佳决策，他在《制定稳健决策：技术、业务及服务团队的决策管理》一书中写道："让我们假设你发现决策发展态势对你不利，你所青睐的备选方案不太可能被挑中。你该怎么做呢？你可以寻找一种你中意的方案能够很好满足的标准，通过扩大它的重要性来实现对自己所处环境的微观管理。"这需要你的支持者向复杂购买团队其他成员说明："大家能得到想要的方案，但是必须要……"

你会发现，借用对手帮助的策略能否成功取决于你的方案可否同客户考虑的其他功能实现兼容。

小窍门：及早执行计划

我曾看到很多销售员在努力实施反其道而行策略或是计划从客户整体的方案分得一杯羹，但他们都失败了。原因是什么呢？他们行动太晚，往往等到客户已经作出对他们不利的决定之后才行动。实施本章提供的任何策略的关键在于：尽早选择合适的策略实施——一定要在销售展示或提交方案之前。

你该如何决定哪种策略胜算更大呢？和你的支持者谈谈吧。

策略 5：利用预算出击

我认识的一位经理最近告诉我，一位高级副总裁去年夏天加入他的公司，并准备雇佣一家新的销售培训公司。这位副总裁倾向于一家之前曾合作过的公司，他和他的决策团队对该公司以及其他一些培训公司（我的公司不包含在内）进行了评估。经过研究和比较阶段，他们要求各个公司派人亲自展示，最后收到了各公司提交的方案。结果是他们的首选方案报价超过预期价格 200 万美元！老天！他们打算延迟购买，因为他们可没有这么多预算。这一延迟给了我机会。

对参与竞标的两个公司来说最为讽刺的是：他们教授的销售方法中包括在购买过程早期确定这次的投资是否有预算支持。可是在这个案例中不但没有预算支持，并且客户也不知道这个方案将花费多少，即便如此，两家培训公司却仍然继续他们的销售过程，整个团队不远千里地带来宏伟的方案，结果却因预算而一无所获。可真够浪费的。

胜利多属于执行能力更好的一方

教练们认为如果两个竞争对手势均力敌，胜利将属于那个执行能力最好的一方——他们所犯的错误最少。这就是为什么教练在练习场上花费大量的时间，改进旧的战术并学习新的。要想在竞争中获胜，你也要做同样的事。教练们还懂得，不管他们投入多少时间和精力，亦不能奢求全胜。每个参与竞争的人都经历过失败，因此如果你失掉一次销售机会，从中找找原因，相应调整自己的行为，然后继续朝着目标前进。

你要在试图结束销售上花更少的时间，把时间放在将方案调整成客户的最佳选择上。如我之前所知的那样，如果你不能在销售过程的这一阶段中找到客户选择你的三个理由——可以同客户具体的需求联系起来的理由——你就没有权利来获得客户青睐。如果你做过功课，现在该是把你的认知置于一个有说服力的提案或是展示的严峻考验之下的时候了，这将在接下来的节点章节中探讨。

关键点3：精确打击的方案和展示

当目标客户结束比较阶段之后，就到了销售展示和提交方案的时候了。客户在购买过程的这一阶段最常考虑到的问题是：谁是我最好的选择？这个问题需要你通过努力完成与客户的具体需求最为匹配的方案的展示去回答。

很多销售员会有他们是“方案提供者”的心态，但客户却不能从他们的方案展示或提案中看到这一点。方案的意思是“问题的答案”，所以，你理所当然地会想到“方案提供者”该是解决问题的人，对吗？可看看大多数的方案和展示，你会发现它们完全是对产品或服务预先定义的特征功能照本宣科地描述。销售方案和展示经常对方案试图解决的客户问题不置一词！

能从竞争者中脱颖而出的展示和方案有什么不同呢？**它们对你所看到的目标客户的问题、挑战或机会提供清晰的描述（用客户的表达方式），并将你与众不同的功能同目标客户的具体需求联系起来。**不是做种种乏味的好处声明。

当你准备作出展示或提交方案时，你需要已经对下列事项有足够的认识：

- 目标客户的复杂购买团队成员（第二章里已详述）。
- 目标客户的具体需求(通过诊断性问题去发现,并收集到备忘录里)。
- 对团队中的每位成员都很重要的标准（通过建筑师角色形成）。
- 当你面对对手时最佳策略是什么（使用教练角色完成竞争分析来确定）。

如果你漏掉这其中的任何信息，都说明你销售太快，需要慢下来查漏补缺。如果你确实掌握了这些信息，在你的方案或展示中体现出来，强调你比你的对手对客户需求理解得更充分，你能制定更好的方案。

不管这一关键节点是提交方案还是展示或者两者均有，基本的准备工作是相同的。方案 / 展示工作表列出的问题能帮你组织已经收集到的信息，如表 7–2 所示。

表 7–2　方案 / 展示工作表

1. 客户面临的最严重的 3 个问题是什么？为什么严重？他们想要满足什么需求？
2. 我对客户的决策标准了解多少？首先什么是最重要的？其次重要的是什么？我们该展示哪些功能来满足客户的需求？提示：把它们并排列出来（如下所示）。关注五六种对于实现客户目标最关键的功能即可，不要压垮客户！

客户标准（按重要性排序）	我们对应提供的功能

3. 哪些标准代表我的优势？我将如何强调这些优势？
4. 哪些标准是我的潜在不足？应对计划是什么？
5. 哪些拖延不决的模糊问题需要更加明确地定义出来？提示：这将决定如何解决这些问题。确保你和客户以同样的方式定义需求和标准。
6. 这次的头号对手是谁？客户选择我而不选择对手的 3 个理由是什么？我们该如何将这些理由同客户的具体需求联系起来？

如何制定有说服力的方案

当我与新的销售培训客户合作时，我的第一个要求是让他们将他们认为最好的三份销售方案发给我。销售方案能反映销售员为客户描述公司方案的思路。了解客户的销售案例能让我对他们的销售员如何销售有更好的理解。正如我在本章开始所提到的，有九成的销售员不能把方案中的功能同客户具体需求联系起来。

例如，我最近看到的一份提案，开头便是一句“我们将致力于让你的运营部门提上一个新的台阶，并用强大的数据武装你的人事部门，减少退款情况的发生”。看到这段豪言壮语，我的问题是：

1. 你能解决这个客户的运营部门的什么问题？

2. 特别是，为什么这家客户目前正面临退款？你强大的数据能降低哪种类型的退款？能降低多少？

3. 你对问题 1、问题 2 的回答需要与对手区别开来，不论对手是大公司还是区域“小角色”。**如果你展示的每种功能均不能足以区别于对手，他们将把你向价格战又拉近了一步，当然离他们赢得销售还有一段距离。**

你的公司最后一次仔细阅读你的销售方案是什么时间？公司提供给客户的价值会随时发生变化，你的方案是否也有变化呢？你的销售方案是否能让人相信你是行业内首选方案提供者呢？

你的方案应该反映自己通过调查收集到的所有信息。例如，你的一位客户向企业出售工伤保险，根据员工数量和工伤概率情况，按年度政策售价从 20 万美元到 200 万美元不等。典型购买团队的成员包括财务总监（ROI 权威，作最终决定）、人力资源总监（超级用户，负责处理索赔）、设施工程部（整合者 / 技术专家，负责员工安全和损失控制）。正式的销售方案由 5 部分组成：

1. 客户的财务目标及你将如何实现它。

2. 客户的索赔服务需求及你的方案对应的功能。

3. 客户的损失控制需求及你的方案对应的功能。

4. 你的最佳选择的理由。

5. 建议客户询问每位供应商的问题。

方案中还应该包括单独讨论的实施计划范例材料以及标价页。

以上前 4 条是不言而喻的，但你会对第 5 条——客户询问供应商的问题感到奇怪。正如标题所表达的，这是我们推荐客户询问所有他们正在比较的供应商的问题清单。我推荐所有销售员使用这一策略，让你的对手被迫谈一些他们可能不愿涉及的问题（这些问题能和你的特质相联系）。清单上的常见问题包括：

- 我们可以从你的客户名单中选择一些作为参考吗？（这是个关键问题，每家公司、每位销售员都有一些成功的客户，而且欢迎你与之联系。问题是他们是否愿意让目标客户自由选择呢）
- 你如何确保过渡成功，没有业务被中断？
- 你如何评价自己提供的服务对客户的价值？
- 你有哪些和我们类似的与客户合作的经验？

其他问题将针对客户的行业和市场。

像这样的问题清单既可以服务客户，也可以服务自己。说它服务客户是因为它能真正地帮助你的客户作出更有根据的决策。记住，你参与到类似购买决策中的次数远比他们要多，所以你对哪些信息适合他们的短期和长期需求了解更多。说它服务自己，因为这些问题是你获胜策略（以教练身份制定）的一部分，并能帮助你强调与客户需求联系最密切的那些差别。

我曾多次使用类似的方案结构，它是否适用于你取决于哪种类型的决策者审核你的方案。总的来说，要使用能反映那些决策者兴趣的结构，在组织详细内容时，记住仔细考虑一下当你提交或展示方案时，决策者们一般处于购买过程中的哪一环上。

你可能已经注意到了，我在上文的方案结构中没有加入概要，而且我也不推荐你使用它。概要使得主管们对他们的需求了解很少，而将注意力放在标价页上。如果你设计的方案适合复杂购买团队不同成员的需要，你仍然可以使主管们直接跳到强调他们首要问题的部分上。很有可能他们对你的方案为什么如此组织，以及方案提供给公司的整体价值能有更深一步认识。

小窍门：你的各种准备工作和方案的其他用途

一旦你为准备一份成功的方案完成信息汇编工作，你将在两方面受益于这些工作：

1. 虽然你不能把这个方案作为模板使用（没有两份方案是相同的，因为没有两位客户是相同）的，但是你可以获得一些关键信息（比如对你核心能力的解释）在将来的方案中使用。

2. 你在关注问题、不同决策者的标准时取得的信息可供医生角色使用作为问题诊断模板。

展示：充足的准备才能抓牢机会

一般来说，展示有两种类型：一种是对象客户会要求你简单地“递交”制作的方案；另一种则是完全展示（用挂图、幻灯片等），可能还需要提交方案。

如果你能简单地处理你的方案，将标价单和执行范例分开，并在展示结束时分发，它们将让你们的讨论集中在需求、问题以及方案上，而不是价格上。

如果你被要求展示，你的准备工作应该同目标客户联系起来：确定你希望客户看完展示之后采取的具体行动。这取决于你进行展示的顺序：

- 如果你是第一个（或可能是第二个）进行展示的人，你希望客户的行动是他们能向对手们问你给的那些“建议性问题”。
- 如果你是最后一个，客户不太可能当场成交，**但你能询问“为什么我不能是你们的首选？”**假设你在解答他们的问题和疑虑上表现出色，客户将带着对你和你的公司的积极印象结束比较阶段。

在我曾遇到的最大的一次销售机会中，我的团队要向由7名决策者组成的委员会展示方案，委员会中级别最高的是一名执行副总裁，我们排在三组销售团队的最后。在我发表结论前10分钟，伯恩斯先生（那位执行副总裁）站起来，说他要赶飞机，而且他要的出租车已经到了。

我说道：“伯恩斯先生，临走之前，我能再问你最后一个问题吗？”

他回答：“当然能。”

“你能说一下我们的销售培训方案不能成为你的最佳选择的理由吗？”我问道。

他答道：“好的。”然后说出对我们方案的疑虑。

这是一个我有所准备的疑虑，事先预料到而且可以很好回答，但我没机会回答，因为他的评论引起了会议桌上的人们的热烈讨论。结果是伯恩斯先生错过了出租车，但其他几位决策者会开车送他去机场，这样他们能继续讨论。几周之后，我了解到一位级别稍低的决策者在车内已经打消了伯恩斯先生的顾虑，最后我获得了成功。这个例子再次证明了一个结论：90%的销售发生在你不在场的时候。所以你要确保你的支持者有替你向其他决策者推销的技巧。

这些问题解释了为什么在展示时，**我建议你做第一个或最后一个展示的人**。让我来详细说明一下：当感到自己出色地设计了客户方案时，我倾向于最后出场，因为我希望客户能够充分将我提交的方案同对手提交的方案进行比较。但在某些情况下，我没能充分设计出对于客户来说最佳的方案，原因可能是我的公司直到购买阶段后期才与客户联系上，或者我没能与决策者直接沟通。在这些情况下，我希望能首先出场，使用询问其他供应商的建议性问题来播种我认为客户应该考虑的其他标准的种子。

一旦你清楚想要的结果，就要确定通过展示来实现目标的最佳途径。在会谈最后对客户的请求应该是合理的，如果客户不同意迈出这一步，你会得到进展不顺的预警信号。

下面是指导你制定展示方案的一些技巧：

1. 提前查明你有多长时间做展示。你不能得到那些紧盯手表的客户的关注。你是否有过类似的经历：一位关键决策者因时间不足在展示过程中中途退场。你的展示最多不超过被分配给你的时间的 60%，为什么呢？因为目标客户的决定通常发生在会议结束时，你要留出足够的时间来解决客户可能提出的问题并使他们达成一致。

2. 问你的支持者："在我们上次谈话结束后是否又有新的变化？"如果你的对手昨天做了展示，你可能会有几个新的障碍要克服。知道这些障碍越早，你就能有越多的时间去计划如何回应。

3. 问你的目标客户："你目前位于决策过程中的何处？"这会帮助你确定该采取哪些行动。如果他们告诉你已经安排三家供应商展示，而你是第一家。你就会知道他们在你的方案后作出决定的可能性几乎为零。

4. 确定展示流程并遵循。列出你所展示方案的主题以及每一项占用的时间。

5. 准备一份列出客户目标和购买标准的挂图。将它们按优先顺序排序。

6. 取得一份执行计划范例（从其他客户那得到的）。所有的客户都关心执行（要花多长时间，需要些什么）。但要让他们接受执行计划，就要让他们参与计划制订。所以你肯定不能为具体的客户提供一份粗略执行计划，因为他们不会接受它。有可能你对如何制定优秀的方案知之甚少，其他客户的执行计划将是一个很好的参考。给客户展示一份其他客户的执行计划范例，帮助他们认识到执行计划都包括什么，同时不能让他们觉得你将这个计划照搬硬套地用在他们身上。

7. 演练。必须认真地设计并演练你的方案展示。不要即兴表演。

保持沟通

提交或展示销售方案对销售员来说就像比赛是到了终点，因为它标志着之前所做的大量工作将开花结果。但对于复杂购买团队而言这只是购买活动的起点。现在他们有了具体方案必须抓紧进行比较，因为离作出决策已经很近了。

当客户正从探索过渡到决策的这段时间里，对你而言，继续同支持者保持联系并一直持续到销售成功是至关重要的。原因有二：

第一个原因是，你的支持者作为他们公司内部站在你一边的人，能为你提供帮助和指引。你的支持者特别是ROI权威，可能需要向其他决策者推销。你可以回忆第二章的内容：经过研究和比较将工作交给其他成员完成，ROI权威可能重回购买过程之中。

如果ROI权威确实参加了你的展示，这对你来说是很好的机会。因为他能直接听到你的见解。但在很多情况下，可能将由你的支持者来说服ROI权威相信：

- 你的公司是这次购买的首选。记住，ROI权威经常有更大范围的责任，他们常会把对你方案的投资同其他完全不同类型的投资进行比较。
- 你的方案是最佳方案。

销售副总裁同意一个操作团队在首席学习官（CLO）带领下寻找为销售员工培训的方案。这位副总裁告诉该团队他要考虑很多问题，而这次购买销售培训的事只在其中排在第二位或第三位。

时间过去 4 个月，操作团队完成调查研究，从几个供应商（包括我的公司）那里得到方案，准备向销售副总裁推荐，没有一家供应商（包括我的公司在内）会出席这次推荐会议，所以此刻我的任务就是确保我的支持者能够准备充分，向副总裁阐释为什么提供销售培训是必要的，而且为什么我的公司应成为首选。我曾经问过支持者这样的问题："你们从一开始确定的最重要的两个目的是什么？"得到答复之后，我又问："你觉得副总裁和 CLO 会同意你的看法吗？"当他表示"不知道"后，我询问他对努力查明这个问题答案有什么建议。这种指导技巧帮助支持者在我无法直接参与的场合彻底清楚如何向团队中的其他成员推销我的方案。

展示或提交方案后与支持者保持接触的第二个原因是，即便他们认为你是最佳选择，不确定感或是质疑仍可能出来。那个时候，你需要成为一名治疗专家，帮助他们战胜恐惧感，这是我在下一章要讲到的。

第八章　**治疗专家**

「理解并消除买方的恐惧」

看看这一幕是不是很熟悉：当你马上就要结束一次成功的销售展示时，目标客户对你说："你的方案给人印象深刻，下周打电话给我来一起完成……"看起来让人非常兴奋。但当你下周打电话过去，客户却没有动静。再联系结果还是一样。这让你突然意识到这些"静默"正在给你传达一种信息——原本稳操胜券的销售正显得岌岌可危。

停下来想一想客户那边发生了什么。你遇到的沉默待遇是再正常不过的，因为只有极少数客户会在确定理想方案后直接作出购买决定，质疑和担忧的想法反映了他们的恐惧感，这是很自然的。

这种与购买所关联的恐惧显然不是生理恐惧，而是一种感觉上的恐惧，可能是一种担心或者程度更深些。我记得在一次培训会上，一位客户经理频频起身离开教室。之后我了解到她的客户在安装其公司产品时遇到了大问题。第二天，这位客户经理在上午休息间歇后返回时，满脸沮丧：她在客户公司内的支持者因为她的方案问题而刚被解雇。

这提醒我当自己扮演治疗专家角色时，需要从客户视角认识恐惧阶段是什么样子的：他们是轻度焦虑还是如果出现问题会丢掉饭碗的深度恐惧？以一位权力掮客为例，他一直不畏艰难地支持我的方案通过公司决策，甚至做好牺牲个人声誉的准备。

我们销售人员要面对的问题是：我们能做些什么来帮助客户们走出恐惧阶段，让他们下决心购买。你肯定不会对我的答案感到惊讶：放慢脚步。

小窍门：从“交谈”到“感觉”

在之前的教练角色中，你分析了竞争状况，向客户阐释了你的方案。现在我建议你把重点放到以治疗专家身份倾听和观察上来，把频道从理智分析切换成情商感受。对客户表现更加敏感，对购买团队整体如何运作考虑清楚，努力去预见这一节点上会出现哪些障碍。

你必须让你的思维走出教练身份中的“交谈”模式，而用治疗专家的倾听、观察来取而代之。在以购买为中心的销售过程中，这是需要你完成的最大一次角色转换。

我的建议远比放慢速度要深入得多。它将包含两部分：第一，你需要认识到恐惧状态即将发生；第二，你需要对恐惧状态有所期待，你可以在销售过程中事先准备“恐惧战略”。制定类似的战略需要些什么将是本章要讨论的命题。

客户阶段5：恐惧

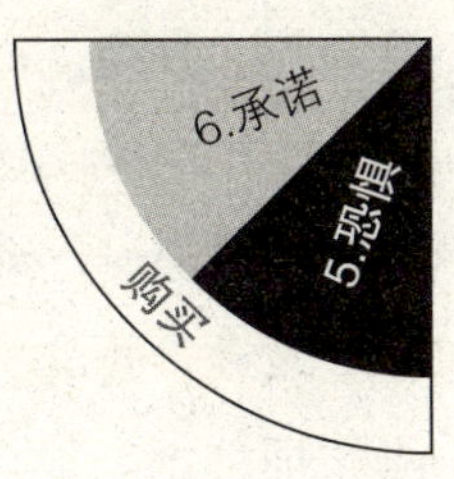

在购买过程之前的学习阶段，决策者的关注焦点是解答问题：“哪种选择是最好的？”当首选方案确定之后，比较阶段随之结束，客户将注意力转向某单一方案上。进入正式购买阶段，他们的关注点变为“我是否作出正确选择？如果从B公司购买A产品，将会发生什么结果？”

注意我并没有说客户是从“哪种选择最好”转移到“让我们做决定吧”，因为实际情况并非如此。大多数人会对将产生重大影响的大宗购买决定感到焦虑，这种焦虑并不肤浅，它们可能是与购买结果有关的直接考虑，也可能是同购买决定间接相关。

莎拉正将一款新 PBX 电话系统向一家具有相当规模的地区健康诊所推荐。在完成展示之后，目标客户进入静默状态。当莎拉好不容易与支持者取得电话联系时，他解释了他们推迟决定的原因，用他的话说，“过于昂贵”。这个理由说不通，在早先进行需求分析过程时，莎拉和目标客户已经确认过新系统所支持的 VOIP（互联网协议电话）将大幅降低普通电话服务给诊所带来的费用。VOIP 预期节省的费用同诊所租赁 PBX 电话系统的费用相当。

莎拉的直觉告诉她这不是一个能在电话里解决的问题。幸运的是，她成功地安排了另一次会谈，面对面的会谈。会上莎拉明确告诉客户：“我感觉除了价格你还有其他疑虑。”这时候关键人物站了出来：他们担心新 PBX 电话系统需要对远程用户（医生和医务人员）进行相当规模的再培训，他担心一旦执行过程中出现一点问题，强大的医师们就会提出异议。

在莎拉的建议下，她和客户一起参观了每个远程设施，同员工交流改革提案，集思广益地让实施对医师变得简便。莎拉还帮助诊所的职员们认识到，新系统将提供之前所有有用的功能，比如“预约自动提示”功能。这些行动的结果是职员们对新系统感到期待，并把这种期待传达给医师。最终莎拉如愿以偿地获得成功。

莎拉的成功说明一个问题：你从目标客户那里听到的第一个担心往往是烟幕弹——即便他们告诉你他们不准备做任何事。

最近，我的团队参与一个咨询项目中，同客户一起设计一份新的销售培训计划。作为项目的一部分，我们同 30 位潜在客户取得联系，我们被告知，这些人最后选择与竞争对手做交易。但我们发现，其中的

8 位其实没有从任何一家对手公司那里购买过服务。8/30，比例超过了 25%。显然，他们告知销售员已经从对手那儿购买服务只不过是想支开他们。

直接谎报“军情”对于销售员来说并不陌生，但更多时候你会发现一位很有份量的客户没有说出任何忧虑的原因，突然进入静默状态。他们很少会主动联系你告知他们改变了想法或是推迟决定。

小窍门：失败的销售真的失败了吗？

我们研究发现：如果你听到失去销售的坏消息，事实上可能并没失去。或许客户刚刚决定不买，但又不愿费口舌给你解释。我的意见是：当你丢掉一次机会，记下来，6 个月以后再同目标客户联系，你可能会发现他们仍然没作出决定。可能他们还有一个不愿说的理由，但那时也该解决了。谁知道最后的结果会怎么样呢？

为什么会产生恐惧

在每次销售时，你可能在购买进程中缺乏关注的阶段就是恐惧阶段。当客户感到需求足够紧急，而且最佳选择已经清楚地确定时，他们可能直接从比较备选方案发展到作出购买承诺上来。当这一切发生时，要向你表示祝贺。但更多的情况是，你将在大宗销售时遇到恐惧阶段。

造成恐惧的常见原因有 8 种，这些原因会使得你的客户感到焦虑和担心。及早注意到这些因素会帮助你更早预见到恐惧是否会成为一个问题，并及时制定出对策。叠加因素越多，客户就越可能感到恐惧，你帮助他们越过这一阶段的难度也就会随之增大。

1. 大额投资。购买决定对财务影响越大，目标客户就可能越感到害怕。10 万美元的决定会比 1 000 美元的决定引起更多焦虑。

2.ROI 权威重回决策过程。之前已经论述过，ROI 权威极可能在决策过程中消失，而在作最后决定时又重新出现。如果 ROI 权威没有参加各种各样的销售展示（事实也一般如此），他需要加速赶上整个购买团队的步伐，可能会重新判断引起决策的需求。如果在 ROI 权威将决策中的调查部分授权给购买团队其他成员后已过去很长时间，团队成员就会对 ROI 权威的偏好是否发生变化，他是否会同意他们的选择，他所持的标准是否与他们制定的标准不同等问题产生焦虑。

3. 对长期影响的不确定感。购买决定对未来影响越大，客户感到恐惧的可能性也就越高。决定将整个公司搬到另一城市带来的担忧肯定要比派一位重要经理参加几天海外会议严重得多。

4. 令人纠结的权衡。当作出决定的时刻临近，客户不得不面对一种局面：每种方案都各有优缺点，完美的方案看起来并不存在。我想起和妻子买房的情形，我们确定了同一街区的两个选择，房屋设计和价格大体相同。其中一处背临一条热闹的街道，但有一个很大的后院并且风景不错。另一处只能欣赏到糟糕的屋顶，但却有个水池，并且没有交通噪声问题。我们在确定购买哪一套之前不得不慢下来，缓解一下权衡所带来的担忧。最后我们选择有后院、风景好但马路噪声大的那处。随着我们的城镇发展，噪声越发嘈杂，结果是我们以 7 年后搬家而告终。

5. 给操作带来的巨大变化。执行你的方案带来的变化越大——受方案影响的人越多——过渡就会越困难。同理，影响范围越大，决策者就会面临更大的压力去思考“我们为这项决策是否已取得所有必要的支持？”（这就是导致莎拉的客户质疑购买新型 PBX 电话系统的原因）

6. 不得不面对改变的事实。许多决策者对于作出购买决定本身是如此的全神贯注，导致他们在确定购买哪种产品之后才对执行问题有所关注。此时他们的脑海中会突然闪现“如果转换时间超过预期会怎么样？”“如果我们在过渡期间无法正常运转会怎样？”“如果新系统根本就无法工作怎么办？”等类似的怀疑。

7. 决策者之间出现分歧。在销售展示中和展示后，由于对不同事项的重要性认识不同、对标准的解释不同、对展示的供应商印象不一等原因，决策者之间的分歧会逐渐暴露出来。参与购买决策的成员越多，他们取得共识就越困难。如果在购买过程中你一直同他们在一起，希望你能帮助他们在确定购买标准上达成一致。当然，他们还会有其他方面的分歧。

8. 极其新颖的产品或概念。产品或服务中如果包含至少一处“新创意”，或者你的多数用户从没使用过，将给你带来机会。但如果你在推销最新创意，你的目标客户可能不情愿去改变，或者会质疑你的方案实施后能否正常发挥作用。新产品或新概念需要观念的转变，一种全新的思维方式的改变。

幸运的是，这些情况综合起来通常不会严重到影响购买进程的前进，但它们会打乱你的销售策略。如果你能对买家将经历一定程度的担忧有所预估，你就不会为他们又提出新的异议，看起来不太情愿进行下一步等情况感到吃惊。

处于恐惧阶段，客户的表现会有：

- 不回你的电话。
- 问一些预示着对购买有其他想法的问题。
- 提出一些之前已经打消过的顾虑。
- 释放一些认为总有哪儿不对劲的非语言信号。
- 提出不现实或不合适的要求。
- 拖延本已达成的进行下一步的承诺。

正如我之前指出的，买家偶尔会跳过恐惧阶段。但在当今社会，大多数客户对购买的恐惧正在增多，而不是减少。对于你的客户来说，更多的技术变革、变化、选择意味着他们有更多东西要去学习。而且精简的公司结构使得高管要将决策权下放到离问题更近、对问题更了解的核心层，同时那些有购买决定权的人对作出正确选择承担很大的压力。结果正如很多销售员告诉我的，客户作出决定的时间变得更长，这说明购买过程中的恐惧感在增强。

在要掏钱购买时，客户质疑他们的决定是正常的。如果你准备好面对形势的变化，客户的恐惧感会给你提供强化地位和展示的机会，换句话说，你可以证明为什么你的方案是有价值的。

当客户慢下来时，你也该做同样的事情。你该成为一名治疗专家，熟练地帮助“病号”发现并解决引起恐惧的不确定感和质疑。

治疗专家是这样解决购买恐惧的

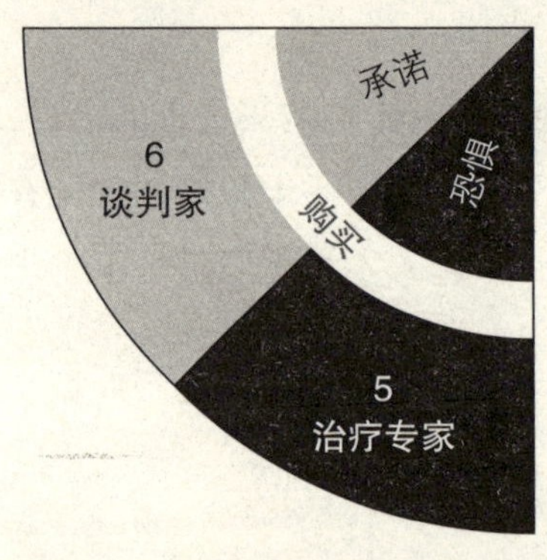

图 8–1　恐惧阶段治疗专家角色

治疗专家是那些专门诊治病人情绪的人。他们帮助病人找出关切的事项，并帮助他们加以解决。

但要预先警告你的是：你学到的那些传统处理异议的技巧在应对恐惧感时将会失效。你必须从理性转向感性，在更富直觉的层面开展工作（图 8–1）。下面是一个例子。

假设你已订婚并准备结婚，婚礼预定在下个周末，而这时你感到害怕。你的好朋友打来电话了解情况。如果按照传统方法，情况是这样的：

你：我非常害怕。

友：为什么？

你：我害怕他不是适合我的那个人。

友：对于要结婚的人来说，感到恐惧是正常的，但要记得婚姻有很多好处。此外，你已经发出请柬，你的亲友已经开始作出发准备……你的母亲是那么高兴！你会继续的，对吗？

如果你的朋友这么说，能让你不再害怕吗？不太可能。你朋友的办法效果有限，因为其中没有一句“有魔力的答复”能够让你的恐惧感消除。朋友的办法没有给你表达情感的机会，它只是自顾自地越过情感用理性的因素来说服你。

如果你遇到一位目标客户正处于阶段 5 恐惧。处理恐惧感最好的办法是，像对待好朋友一样，放慢速度，花些时间去倾听，鼓励客户坦诚地表达忧虑，让客户走在前面。

如果你的朋友懂得如何成为一位高明的治疗专家，他将像这样帮你克服婚前恐惧症：

友：能告诉我你的感受吗？

你：我非常害怕。

友：有什么特别让你害怕的事吗？

你：我害怕他不是适合我的那个人。

友：我婚前的感觉和你是一样的，感觉害怕是非常正常的。我能帮你什么吗？

你：我想我刚刚太紧张了。

友：你打算怎么做呢？

你：事实上，我在做新的事情前常会感到紧张。通常一旦开始之后就会恢复正常。

治疗专家要敏感和善于观察

一对夫妻去找治疗专家解决两人之间的问题，治疗专家仔细地观察他们交流的方式。他们交谈的声音和独自说话的声音一样高，交谈时其中一位喋喋不休而另外一位则在看表，没有倾听对方，时不时打断，突然倚在椅子上，或者用痛苦的表情给予回应。所有的信号——语言上的或非语言上的——透露出不为人知的恐惧或质疑。

这就是为什么在销售过程的恐惧阶段，想成为一名好的治疗专家，第一个关键技巧是**要敏感和善于观察**，交给直觉去发现不对劲的事情。治疗专家对人们在说些什么和什么没有说同样敏感。有些事情通常会发生，即便并没有讨论过。治疗专家观察病人的表现和交流情况，他们清楚看不见的小问题往往会是大麻烦。

像一名优秀的治疗专家那样，观察本章前文描述的恐惧常见表现。如果想在客户身上找到恐惧，先从发现担忧开始。大多数人直接谈论恐惧很困难，他们可能也不知道为什么不愿意去作最后的购买决定，而这就是为什么当治疗专家感觉到人们压抑的情感时，他们通过问一些中性的问题来询问对方的感受："你能多谈谈这个问题吗？"或是"你有什么担心的？"如果有些事情不对劲，但你又不确定究竟是怎么回事，治疗专家会说："我感到你很不情愿来这。"治疗专家告诉我这种引导式陈述——即便猜测有误——常常可以让病人打开心扉。

你的第二个技巧是要设身处地地理解客户的忧虑。治疗专家懂得帮助人们认识到他们的感受是什么以及为什么会有这些感受，这是让购买过程进展到下一步所必需的。**治疗专家并不解决病人的个人问题**。他们发现、重复、强调病人的感受和想法，努力去让病人获得洞察力，达到的目标是让病人离开时能够懂得他们的恐惧感来自哪儿，他们能做些什么来消除恐惧。

抢在恐惧前面

不管你做了多少准备工作，你都极有可能在购买过程的这一阶段上不得不面对客户的恐惧感。但是你能在销售过程前期——甚至客户未察觉之前，主动地应对恐惧，来尽量减弱它的影响。

律师们告诉我，如果他们在接手的案子上存在弱势的地方，他们会及早在审判或是协商中提出来，因为这样可以为自己留出充裕的时间去讨论和应对（从另一方面来说可以避免争论）。这一原则也适用于销售。如果让客户自己摸索，你的客户到展示后才认识到他们的恐惧，而那时候你又没有在场，这就是为什么提前预料恐惧是如此重要，也是你为什么要提前阻止恐惧。如果你能在自己在场的时候帮助客户认识到恐惧，你就会有机会防患于未然。

要想先行一步应对恐惧，你必须先**了解你的客户会遇到的最常见购买风险**，知道使他们这一阶段感到焦虑和害怕的因素。找出你能采取的行动或你能提供给客户消除恐惧感的信息。

我的一位客户出售可将收银机整合起来的销售终端技术，它可使售货员、收银员在盘点货物、研究产品信息以及下特殊订单时更轻松。这一产品主要面向中小零售商，在这些客户群中，售货员和收银员流动率非常高，所以最常见的担忧是要持续培训新员工使用新技术实在太困难了。预料到这种担心会发生，我的客户在目标客户还在研究或比较阶段时就提出培训问题。更重要的是，我的客户在销售展示时带来一台真正的收银机，这样所有的决策者都能实际操作，了解到它是多么容易掌握。

你还能使用对常见忧虑的认知来引出话题。这家销售终端公司可以这样对目标客户说："我的一些客户对整合技术有些顾虑，这种顾虑对你来说也存在吗？"或"其他一些客户认为培训收银员是个大问题，是否对你也是这样？"

其他能将担忧暴露出来的做法包括：

- 当展示或提交方案之前与支持者交流时，询问顾虑。
- 销售展示即将结束时，提问："这时有一两个我没强调过的问题或顾虑是很正常的。我想请问一下诸位会对执行这样一个方案有哪些可能的担心？"

尤为重要的是，正如我在关键点 3 中指出的，即便你已经作出展示或是提交方案，你也必须**与客户保持接触**。你不在场时，目标客户作出决定所花费的时间越长，恐惧感发展到的强度就越大。因此，要想有效处理买家的担忧，你需要定期和他们谈谈，了解不确定性是否在增加。

这些做法操作起来很难，因为客户认为他们已经从你那里取得全部信息，再和他们联系会更加困难。你是否已经注意到当客户需要信息时，你接近他们是多么容易；当如果他们认为自己无所不知时，他们变得多么不容易接近？这就是为什么我经常强调需要**从客户那里得到一些行动承诺**——例如另外一次会谈或是一个电话——在任一次联系之后，**特别是在你的销售展示后**。这样能保证在恐惧感可能演变为一个问题时，你可以获得同目标客户面对面沟通的机会。

恐惧并不是唯一的障碍

购买进程中的展示或提交方案后期最让销售员沮丧。说句实话，恐惧仅仅是购买决策在这一阶段突然停滞的一个原因。其他原因还有：

- **你的销售过程存在瑕疵**。如果你跳过某个阶段，或是销售过快，就会导致客户不得不去快速购买。这就可能导致整个购买进程突然刹车。例如，我经常发现客户的一些需求没有完全被销售员诊断出来，客户和销售员均没有完全理解这些需求。这时理想的方案就不可能清晰、有说服力地表现出来。客户也就会经历一个模糊不安的状态，不愿作出决定。
- **客户的购买过程存在瑕疵**。我们都遇到过一些客户，他们的决策过程非常糟糕。可能他们对谁将参与购买决策不是很确定，还可能是某个控制欲望强烈的人忽视了那些参与决策的其他人的意见和投入。不管什么原因，都会导致你的销售工作做得不错却无功而返，因为客户在购买上表现不佳。
- **无法控制的因素**。凭我的经验来说，当目标客户公司发生超出控制之外的事情时，会导致出现突然的静默——预算的变化、不佳的季度业绩表现、关键决策者离开（或新人到来）、公司优先事项发生变化、领导层变化等。

针对第一种情形——你的销售过程中存在瑕疵，你可以通过本书所给的意见采取相应的行动。放慢脚步才能提高业绩：在会谈之前做好功课，对客户的业务有更好的了解；当客户告诉你他们第一个需求后，帮助他们找出第二、第三个需求；深入挖掘每一个需求背后的原因，确定这些需求导致的结果；参与客户方案设计中去，提交一份与众不同的方案，方案要具有与客户具体需求相联系的特殊功能。

但如果你遇到一个充满瑕疵的购买过程或是超出控制之外的因素，要夺回销售机会，你能做的不多，下面的策略可以帮助你：

- 如果你扮演医生角色时在诊断问询上完成得不错，你就可以获得足够的信息，**向潜在客户指出拖延购买的代价**（如果不尽快变革，就会出现他们自己所说的各种问题）。如果客户对你方案的需求依然存在(而且你的方案是首选)，强调问题的紧迫性会有所帮助，但如果某一外部因素开始介入，这种强调则不会起到太大的作用。
- **同支持者保持联系**。超出控制的因素能让你失去一次销售，也可以创造机会。还记得在第二章里我是如何丢掉后面的销售机会的例子吗？一个未知因素（市场副总裁）进入购买过程后踢我出局，结果这位副总裁后来被炒掉，该公司继续找我提供销售培训。我能及时了解情况是因为自己一直同一位支持者保持联系。事实上，该公司后来成为我的一位忠实客户。

小窍门：打破静默

这一情景我们都遇到过：展示之后，客户对你保持“静默”。客户不回你的电话，你也不能同客户预约下次会谈。你该怎么做呢？答案是：扮演治疗专家角色，发送一封邮件，类似下面的内容：

“再次感谢您抽出时间来评估我们的方案。我感到我们之间有一些障碍。能谈谈吗？”

任何回复都要比没有回复好。

先消除自己的恐惧

客户们并不是唯一在购买过程中存在质疑的人。

某大型文件服务公司的分公司销售经理最近告诉我，他的一位销售员向潜在客户提交标的金额达到 300 万美元的一份合同，客户说将在 4~5 周内完成评估，并将“可能”在那时签订合同。这位经理告诉我，基于他的销售团队同客户所发展的关系、销售途径的完美表现，以及他们解决客户财务问题的能力，每位分公司工作人员都很自信地认为他们会赢，他们将在客户的时间表内完成有关的书面工作。

你可以想象得到，这么重要的潜在客户得到了全公司管理层的关注。负责西部区域的一位副总裁不那么自信而且缺乏耐心，他希望让分公司知道整个公司不能等到“最后一刻”来完成交易，因此他给分公司销售经理打电话，表示他想去拜访目标客户，并在感恩节后的周一和对方同级别管理层会谈。

销售经理清楚这纯属多此一举，他和潜在客户都不需要。因此他有礼貌地请求副总裁重新检查客户计划、外包服务的研究、提案以及内部客户投资回报率规划。接下来他要求副总裁提出一些新的信息来提供给客户，但不要改变那份值钱的方案。这位副总裁对这一要求抱嘲笑的态度，但还是通读了所有信息。他没有打电话回来，最后分公司团队在 12 月中旬赢得了销售，正如客户预期的那样。

如果你对客户的静默感到焦虑，**重新检查你的销售过程中所做的每一件事**，告诉自己做得不错并且决定权已经不在你的手中。如果你的诊断阶段做得不错，方案反映了客户的需求，将自己同对手区别开来，并从客户那儿得到诚实正面的评价，那么用没必要的电话或邮件去纠缠对方不会给你带来任何价值。如果你在销售过程中走了捷径，或对一份方案征集书视而不见，这时再去挽救销售可能为时太晚。你可以试着回到客户那儿去修补销售过程中缺失的部分，但赢得销售的概率不会太高。

帮助客户摆脱恐惧

你的销售会给客户带来变革，而变革中蕴涵着风险。客户感觉到的风险越大，恐惧感成为影响因素的可能性也就越大。

通过将自己想象成为治疗专家，你帮助你的目标客户消除了他们的恐惧感，战胜了优柔寡断，到达承诺的时刻。现在，该是谈判的时候了。

第九章　**谈判家**

「目标是共同受益」

我相信每个人都是天生的谈判家。我之所以这么认为是因为我的一次亲身经历。几年前，我的儿子凯尔带回来一份非常不错的成绩单，我想要给他些奖励，就对他讲："凯尔，我真为你骄傲。看到你的成绩我很高兴，你可以三选一：游戏机、两张 CD 或者我带你和你的朋友去洛杉矶看巨人队的棒球比赛。"

你能想象到小凯尔脑袋正转得飞快地比较三个选择，他说："爸爸，让我仔细考虑一下。"过了一会儿，他跑过来说道："爸爸，我有个主意。你给我买两张 CD，然后我们两个去看棒球赛怎么样？"

我早就知道答案了，所以我说："凯尔，让我也想想。"稍晚时候我告诉他："好的，你赢了。我给你买两张 CD，然后我们两个去看巨人队的比赛。"结果他说："带一个朋友行吗？"

我有些羡慕凯尔的谈判技巧。他对奖励的直觉反应是放慢速度、仔细考虑。而一旦他想明白了，他提出一个新的组合，用一种不同的方式同时满足他的需求和我的需求。实际上，他扩大了蛋糕份额，而且他笑到最后。

我知道你不可能像凯尔一样中途从谈判桌走开，但还是有放慢谈判进程的技巧，这会给你赢得宝贵的思考时间。这将对你很有帮助，因为每次销售都将会包含一些各种形式的谈判。客户们都清楚如果他们要求得到更好的交易条件，通常会如愿以偿。而对你来说，这一关键时刻犯错误的代价将是高昂的。所以，是时候来磨炼一下谈判技巧了。

首先，要记得你是要在销售过程快要结束时谈判，而不是在开始。除非客户真的想买，否则没有必要谈到价钱。**在客户认识到他们的需要以及原因之前不要削价**。不要认为降低价格会更有吸引力，现实情况是方案要价5 000美元还是5万美元并不重要，如果你的客户不需要它，什么价钱都是高的。

谈判的最理想结果是双赢，客户对付出所取得的回报非常满意，而你也对自己的方案有一个合适价格感到满意。以客户为中心的谈判家的目标是让谈判达到共同受益的结果。

聪明的读者可能会发现，迄今为止，我还未在本书中建议你“终止”一笔生意。这是因为“终止”表示结束，但事实上，谈判的结果是为今后长期、共同的利益关系开启一扇门。要将“开放”的心态牢牢记住，这将帮你以双赢的态度去参与谈判。

本章将关注那些最为常见的客户沟通技巧，分析谈判实力以及如何能具有更多的实力。当你将这些技巧应用到谈判中时，你会取得更大的回报，你的客户会更加愿意选择你来购买。

客户阶段6：承诺

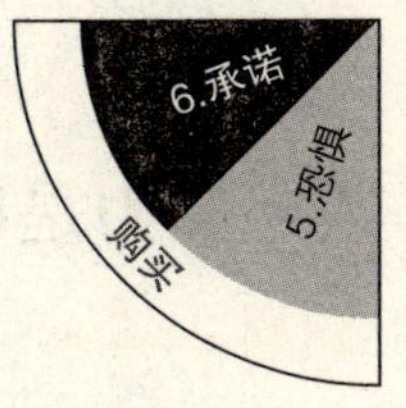

客户在购买过程的第6个阶段是承诺。他们现在的关注点从决定你方案的价值转移到控制成本。他们不再疑惑于“我为什么要买？哪个是最好的？购买后会发生什么？”等问题，取而代之的是“多少钱？”他们会：

- 审查你合同的细节。
- 抱怨你的价格过高。

你和买家进行谈判的原因是对方想要一个更好的结果。一方面，买家希望从你那购买产品或服务，另一方面，他们的关注点——低价、便捷支付、运输更快、更多培训等——与你所提供的条款有所差异。当目标客户向你提出购买请求和条件时，谈判过程正式开始。当这一时刻来临时，你需要准备妥当。

谈判家如何实现双赢

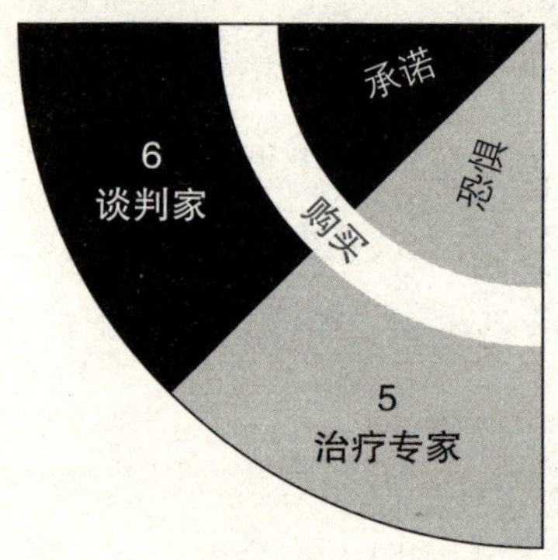

图 9–1 承诺阶段谈判家角色

我们谈判中遇到的最大问题是谈判的目的要么丧失，要么被误导。我听到相当多的销售经理抱怨员工同他们谈判的时间比和客户还要多。目标客户要求价格降低 25%，销售代表答复："我不确定能不能行，但请让我去问问看。"然后他们开始同老板讨价还价，而不是和客户谈判。

要想实现双赢谈判，每一方都应该为他们的让步而得到一些补偿，让步不应该是单方面的。离开谈判桌的每一方都应该对达成的协议非常满意（图 9–1）。

下面的窍门和建议教你掌握更有效的谈判技巧。

谈判实力是销售效果的体现

在任何一种谈判中，谈判实力均扮演着重要的角色。对于谈判中的任一方来说，实力是指同另一方相比所具有的优势和不足。这种对实力的认识影响到每一方实现各自目标的能力。**你的谈判实力很大程度上是你迄今为止销售效果的体现。**同买主比，你具有的谈判实力越大，你需要作出的让步就越小。

我很惊讶地发现相当多的销售员低估了他们的销售实力。在我的销售生涯早期，我曾努力地向某一世界知名技术公司的法务部销售办公设备，对方花费不少时间来作出决定。我们的销售过程持续了 4 个月，其中三次谈判会议分散于两周内。我非常焦虑地希望能敲定这笔买卖，但对方愿意做的却一直只是询问条款、产品特性、可选方案等问题。他们在牵着我走，而且很有效果，我感觉特别沮丧。

这时我的销售经理告诉我要学会放松，他说如果对方不想买，他们就不会总是和我交流。记住，这一点很重要：**客户如果不想买，就不会同你谈判。**现在的人都很忙，没有人愿意浪费时间。如果他们需要时间来作出决定，很好，只需要确定让沟通继续就行，不要在结束一次会谈前忘了安排下一次会谈。

谈判之前评估自身实力的最快办法是考虑四个实力的首要来源：需求、选择、时间和关系。

需求：客户的需求越重要越急迫，你就有更大的谈判实力。再看一眼你做的备忘录（别告诉我你没写过）。备忘录里记录过客户需求和满足需求对他们的重要性，也记录了不解决问题或利用机会将产生的影响。

选择：买家认为你所提供的方案同其他对手的方案没有显著差异，他们有更多的选择，这将让你处于弱势的谈判位置上。你能发现的和你的方案优势相联系的购买标准越多，你的谈判实力就越大。通过缩小可选范围，你让自己的方案成为首选。

综合来看，两种信息：需求和选择，会让你大致了解客户有多么希望改变，让你知道你的方案同其他对手的方案比起来优势如何。

此外还有两种供你考虑的谈判实力，它们是在时间和关系上具有的实力。

时间：在销售过程中，你希望能听到任何可能的决定期限。如果你对作出决定有一些特别的期限要求，早点告诉你的支持者。例如你是位商业地产中介，客户目前的办公场所租赁到期的时间会影响到他们作出决定的最后期限。另一个例子是当面向政府机构销售时，临近的财务年度期限常常是刺激他们消费的动力（他们的预算属于“如果今年不花掉，明年就不能得到这么多了”类型）。期限会给你的客户带来压力，如果你的方案是他们的首选，那就把你放到了一个更有利的谈判位置上。

关系：这方面有几个核心问题：目标客户将与供应商的关系看得有多重要？（如果并不重要，下一问题可略过）你和目标客户的关系有多牢固？你是只与复杂购买团队的一名成员有联系，还是和多位成员联系？（你通过与客户内部的每位成员培养深厚的关系来积累谈判实力）

知识就是力量

我们都知道知识就是力量，如果你彻底了解了客户的问题和需求，并知道自己的方案将对客户的业务产生巨大影响，你就会在谈判时拥有更大的话语权。如果你考虑过客户的需求，并将自己的方案同对手的区别开来，注意到客户的时间安排和最后期限，并与支持者建立了稳固的关系，你就会对客户面临的情况有一个完美、彻底的掌握。所有的这些因素将把你推到一个强有力的谈判地位上，或至少在谈判前让你对自己的谈判位置有更清晰的理解。

谈判前的功课

在着手准备谈判时，你需要明确自己希望从谈判中获得什么，在这些问题上你的灵活度是怎样的，明确能证明你想获得的结果的理由。

准备好作出正确的让步——那些让你损失很小，但能给客户带来很大——也是让谈判进展顺利的关键。

表9–1这张工作表是我在谈判前组织思路用的。

表9–1　谈判准备工作表

<table>
<tr><th>谈判事项</th><th>初始条款</th><th>最低限度</th><th>目　标</th></tr>
<tr><td>价格</td><td></td><td></td><td></td></tr>
<tr><td>质量</td><td></td><td></td><td></td></tr>
<tr><td>时间</td><td></td><td></td><td></td></tr>
<tr><td>功能</td><td></td><td></td><td></td></tr>
<tr><td>服务</td><td></td><td></td><td></td></tr>
<tr><td>其他</td><td></td><td></td><td></td></tr>
<tr><td colspan="4">对于该买家重要的竞争实力：
1.
2.
3.
4.</td></tr>
<tr><td colspan="4">价值高、损失小的让步：
1.
2.
3.
4.</td></tr>
</table>

准备阶段1：确定你的底限

多数销售员认为价格是谈判的首要关注点，实际情况也确实如此。但你还应考虑其他能达到谈判目标的事项。多数谈判中存在5种常见因素：

- 价格
- 质量

- 时间
- 功能
- 服务

对于每一个因素，你均需要建立你要达到的**目标**以及**灵活度**：

初始条款：价格等之前曾在提案中涉及的项目。

最低限度：你愿意在该事项上接受的最低条件。

目标：你特别希望在谈判结束时该事项达到的结果。

类似表 9–1 的工作表能帮助你在开始谈判前清楚认识不同事项。

准备阶段 2：确定你的竞争实力

你需要完成的第一笔销售该是把方案销售给自己，如果你不相信你的方案是合理的，你也不能让其他人信服。所以在做谈判的准备时，利用你在建筑师和教练的角色中取得的成果，证明你方案的合理性。

再回顾一下第七章中的竞争分析表（表 7–1），竞争力评估按照客户的优先考虑事项，将一种方案同其他两名最大的对手的方案作比较。假设你对你的销售机会做了类似的分析，你的竞争优势将会被一一列出，你的竞争力分析将会逐项分解为各个指标来比较你和你的两个对手的方案。你的产品、服务和公司优秀的表现将成为客户选择你的原因。很明显，低于平均水平的项目将是你的弱点。

从之前的章节中，你会了解到在目标客户讨论方案并最终作出决定的背后所发生的许多事情。你希望你的支持者能将你的方案推销给购买团队中的其他成员，那么现在，你可以用你的实力去向支持者解释——而且帮助他们向其他人解释——为什么你的产品或服务是最佳选择。

准备阶段 3：确定你的谈判筹码（价值高、损失小的让步）

谈判是合作与让步的过程，除了打折之外你还要有一些东西可以提供给客户。原则是：**进行谈判时至少要有三种你能提供的让步事项（除了价格）**。最佳的筹码是那种能给客户带来很高价值，但让你受到极低损失的让步。

如何才能知道什么对客户来说价值高？一旦你为谈判做了充分准备，了解了竞争实力和可能的让步，你就可以从客户的视角来审查形势。下面的问题也能帮你预测客户的需求。把自己想象成客户，问问你自己：

“我的目标是什么？”

“什么对我来说比较重要？”

“我能要求卖家作出哪些能给我带来价值的让步？”

一旦你能想通这些问题，寻找那些你能在谈判中作为筹码使用的让步。典型的筹码包括：

- 额外的服务
- 额外的选择
- 培训
- 产品或服务定制
- 付款日期调整
- 未来的订购

最后一步，考虑一下所有你没有作出的让步，然后确定它们在图 9–2 中所处的位置。

很显然，你最好的筹码该是那些对客户具有高价值，而给你的损失最小的让步（图 9–2 右上象限）。而常见的打折则应该归入图 9–2 右下象限中。它给你造成的损失和给客户带来的价值一样大。

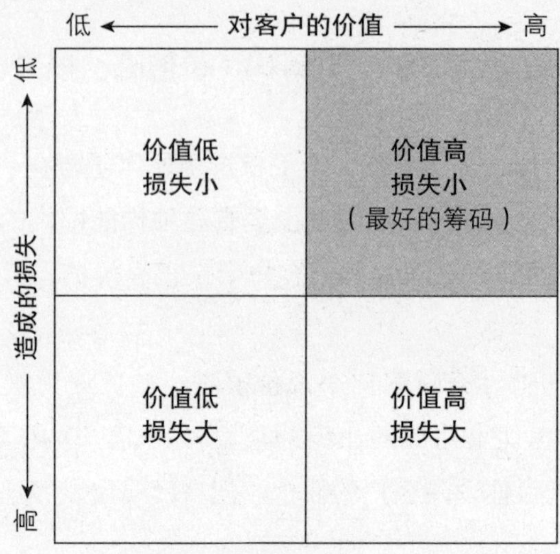

图 9–2　价值—损失模型

小窍门：做有条件的让步

让步是基本的谈判工具，但要明智地使用。

• 考虑可能的让步给将来造成的影响。今天的让步会成为未来客户的参照。所以不要让步太大，否则将来你会没的可让。

• 务必从对方那里获得让步的回报。不要说“可以，我能把价格降10%”，而要换成“如果我能降价，你能将协议期限增加3年吗？”要确保你知道能从客户那里得到哪些回报。

不可不知的谈判策略

正如我们所知，并非所有的客户运用双赢谈判策略。一些买家使用很多策略来得到更大的让步，有时这些策略仅仅用来让你感到自己没有完成客户要求的能力，还有些时候它们反映了客户的现实情况。你需要锻炼的技巧就是判断你遇到的到底属于哪一种情况，了解该如何去处理讨价还价。在谈判之前，浏览一下表 9–2 总结的常见客户策略清单，做好相应的应对措施。

表 9–2　客户常见谈判策略

策　略	例　子	你的选择
预算限制	“我们只有 1 万美元。你需要低于这个数字才能和我们做成生意。”	预算事项可能在销售之初就曾出现过，那时客户问过你大概的预算数字。如果这笔钱不在预算中，为什么他们要花这么多的时间和精力来和你会谈？ 4 种选择： 1）延长预算周期，将第二次支付安排到下一年度。 2）询问其他预算资金。如果你的方案能给另一部门带来好处，也许该部门会帮助买单。 3）针对方案上的项目逐一询问客户意见，去除那些对客户不太重要的部分来降低预算。 4）同意交易推迟到下一预算周期，但要提醒客户拖延将造成损失。作为医生，你了解过如果不进行变革将带来的损失情况。现在是时候从你最先的备忘录里回顾一下损失情况了。
其他选择（竞争）	“你的竞争对手报价要更低，如果你不能降价，我会选择从他们那里购买。”	提醒客户注意你的方案有特殊优势和功能，然后停下来看对方怎么说。
模糊记忆	“你不是说过安装费用算在购买价里吗？我已经照此向委员会报告过了。所以不可能再加钱了。”	处理模糊记忆的最好办法是提前将所有事项记录下来，用备忘录记载他们的需求，在正式方案中记录你的解决方法。在涉及重要的条款时，不要相信记忆力，不管是你的记忆力还是客户的。不管你何时同目标客户讨论条款，马上用邮件和客户确认你对此的理解。

（续表）

策　略	例　子	你的选择
红脸 / 黑脸	一位决策者告诉卖家这次销售是板上钉钉的；而另一位参与的决策者则说按照目前的条款这笔买卖是不会被批准的。	“另一位决策者”常常来自目标客户的总部。此时你可以说“我没有意识到这次交易需要得到总部支持。能否安排一次会谈来解决这个问题？”
退缩	报价后，买家退缩不前或表现得很生气，然后沉默不语，等待销售员如何反应。	一些客户很喜欢这招，因为他们知道销售员受不了令人不适的沉默。你可以以其人之道还治其人之身，当客户退缩时，立即问：“你想得到什么？”接下来不管答案是什么，也作出退缩状，说：“哦，我真的没想到。”
诱导转向	买家询问购买大批产品的价位，例如100个。但在最后时刻，买家改成了每年买25个，连续买4年。当然，他们还想按照买100个的价位购买。	买家很清楚通过延长时间来获得同样的价格优惠是不现实的，但他们总是想尝试一下。你可以在制定销售方案时对付这一策略，在方案中明确条款和限制条件。此外还可以说“没想到你的需求变化这么大，请允许我将提案拿回去修改来满足你新的需求。”
蚕食	买家提出额外的小要求，不管是在生意成交之前还是之后，比如：“顺便问一下，你能否再降5%，那就能帮我的老板大忙，而且下次购买时也会对你很有利。你看怎么样？”	首先，把问题限定在：“除了5%以外，还有其他需要我们讨论的吗？”然后要求对方做相应的让步，例如：“如果我们能做到，明年你们是否能买同样数量？”一个可靠、清晰的提议也能有所帮助。

谈判正式开始了

准备工作是重要的，但却并非全部，你还应该懂得当遇到一位有经验的谈判家时如何更有效地工作。

特别地，你必须懂得有效谈判的准则，并对应作出反应——倾听客户的兴趣，创造出具有创新性的双赢选择继而获得认可。

当买家提出一项要求——多会与价格有关的时候，谈判就正式开始了。最开始买家的要求往往比较极端，在这一时刻，很多销售员会犯一个大错：他们立即开始反击。就像当有人推我们时，我们不下意识地反抗，我们的情感反应也是一样的。这时我们要么直面回应“决一雌雄”，要么我们立即让步来结束争执。不管是哪一种情况，结果都对我们不利。

销售员需要改变对买家最初要求的态度，不要去对抗，而要欢迎它。《冲突的魔力》一书的作者汤姆·克鲁斯认为，我们应该改变回应冲突的方式。克鲁斯以武术合气道打比方来说明如何处理冲突。合气道的目的是使攻击变得无害，不会伤害进攻者，这也应该成为你希望从销售谈判中得到的结果。

在合气道中，你通过向攻击方向移动来处理进攻，而不是躲着走。思考一下：如果你的脸离攻击者很远，他用拳攻击当然是无害的。再举一个如何在汽车打滑时重新取得控制权的例子，此时你会将车轮朝着打滑的方向，而不是反方向。你总是顺着能量来的方向，而不是对抗它。

当在销售谈判中客户提出一个不现实的要求时，你不要抓住不放与客户争斗，要用间接的行动，按照买家认为你会做（或者你想要做）的相反方式来处理。将他们的要求视为积极的发展机遇，解读客户的要求，开始提问并在下一部分中讨论。

谈判准则

下面一些谈判准则将帮助你商讨出对你和你的买家都有利的方案：

- 在给予的同时要从对方那里获得相应的回报。问："如果我能做到你要求的，你愿意做到……"
- 考虑让步的后果。
- 避免谈判过早。不要在销售过程中为了激发客户的兴趣过早地作出让步。
- 避免谈判过快，慢下来并提出问题。
- 避免冲突，理解并阐释买家的谈判请求。

价格谈判中的问题

恰克销售医院病床，他的一位目标客户告诉他价位过高，恰克回应："谢谢你提醒我，我的价位和其他人的差异大概有多大呢？"对方回答："要比你的对手高15%。"恰克答复道："我能明白你说的问题了，你是怎么得出这一数字的呢？"目标客户回答："我把你的这一型号病床价格同你对手的2020型病床的报价作了比较。"

恰克立即看出客户的比较方法明显有误。对手的手术床不包含内置区域或是集成气垫，而这些可以减少病人受到的压力，这也是客户之前认为重要的功能。一旦恰克为客户指出这些不同，就能清楚地说明恰克的病床为什么稍贵。恰克继续说道："我们有一款型号的病床价格上同竞争者的2020型差不多。不知是否更合你心意？"最后，恰克销售给客户的是更贵的那一款。

恰克的例子说明，当买家提出降价请求时，首先要多去了解原因，这是双赢谈判的核心所在。要提供一个替代方案，你需要理解客户请求背后的原因，你的付出要得到某些回报。

如果买家请求降价 25%，原因会有很多：也许是某个你认为已经打败的对手正躲在幕后，他们许以这么高的降价，或可能客户的预算被削减，或是这位买家经常要求同样的折扣，而且屡试不爽。“动机”问题将会很有帮助，问对方“我能知道你是怎么得出这一数字的吗？”或“原因是什么呢？”不管动机是什么，你必须找准它。

一条很好的经验法则是：无论何时在谈判中感到压力，都可以通过提问追根溯源来解决。

事实上，下文所列举的一系列问题将会非常有效，它们将帮助你寻找降价要求背后的原因，得到双赢的承诺。

表 9–3 所演示的模型，将教你如何处理“你的价格过高”这种具有挑战性的问题。

要求客户承诺的 3 种办法

当你确定所有事项都已经解决，就该要求买家作出承诺了。你赢得了信任，帮助他们了解需求，证明你和你的方案都是最好的。你的买家正在等着你去让他们做最终的决定，而且你不会失望。如果你不进行邀约，他们也许会感到诧异。要求对方承诺的同时，你也释放出非常希望继续合作的信号。下面是一些非强制性的要求承诺的办法：

- 问对方“我们下一阶段做什么？”
- 对现在和执行你的方案后的情况进行详细阐述，然后问“对你来说方案可以接受吗？”
- 询问“我们不能继续下一步，原因是什么？”

表 9–3　用于价格谈判的问题

询问客户的一系列问题	目　　的
你觉得我们的价格有些偏高。你能告诉我你这样想的原因吗?	客户的第一个要求往往不合情理，会让你感到吃惊。重复一下这个要求的目的有两个： 1. 争取时间来思考，哪怕只有几秒钟。客户听到你重复他们所说的话，可能会意识到他们的要求确实过分。 2. 询问更多的信息能争取更多思考的时间。
除了价格，还有其他需要讨论的吗?	限定要求的范围，防止你作出第一个让步之后，客户提出额外的要求继续“蚕食”。
我们之间存在多大的差别?	客户的要求离你的方案有多远? 客户想要的数字是多少?
我能问一下你是怎么得出这一数字的吗?	客户所作出的每一个谈判请求的背后都隐藏着一个理由，可能是你对手的报价，可能是客户的预算，或者比较方法有误（恰克的例子）；理解降价要求后隐藏的客户的兴趣、需要和动机，将会帮你找到更快实现共同利益的承诺。
如果我能取得公司领导支持来降低单位价格，你能决定订购更多吗?	使用“取得领导支持”来显示一些灵活性，降低你的权威，减少相应的压力。 这一问题还能求得对方的让步，如果加大订单，就能交换到你的让步。在谈判开始前，你要懂得想从客户那里得到什么让步（例如更多的购买量、更长的合同期限等）。
询问客户有关你的方案具备的优势能满足他们特别需求的重要性，接下来请求承诺。	确定你的优势对客户仍然重要，将会谈的焦点从价格转移到价值上来。

目标都必须是双赢

约翰·肯尼迪总统曾经说过这样一句名言："我们不要因为恐惧而谈判，让我们不要畏惧谈判。"我们应该再加上一句"去获得双赢承诺"。

双赢谈判的核心是去发现隐藏于客户要求下的原因，然后提出其他方案来满足这些需求，在你同客户之间找到一个合适的位置达到互相满意。更理想的是，能创造其他方案，对原有方案进行扩充，为你和你的客户创造更大的价值。

你在销售和谈判中的目标是达成能满足你的客户、你的公司和你自己现在和未来需要的承诺。

成功的承诺能经得住时间的考验。如果你想留住你的客户，谈判就必须能增强买卖双方的关系，而不能削弱它。不管是你和张三还是李四谈判，你的目标都必须是实现双赢。

关键点 4：从售前向售后过渡

你接到一个电话，谈成了一笔生意。庆祝过后，还要做什么呢？

很多销售员认为他们的销售过程到这时已万事大吉，请注意：客户的购买过程还没有结束。恰恰相反，对客户来说，重要的部分才刚刚开始。

哈佛大学商学院教授、营销专家迪奥多·列维特在他 1986 年的《营销想象力》一书中认为，销售完成后，买卖双方之间的关系并未结束。他写道："销售只不过完成求婚，婚姻才刚刚开始。'婚姻'质量如何取决于卖方处理关系的水平。这种水平决定业务是继续并扩大，还是双方问题不断最终以离婚告终。"

你和你的公司正处于过渡阶段，从努力赢得销售过渡到努力获得客户的忠诚度。

客户的忠诚度真的重要吗？我最近同一家世界 500 强企业的首席执行官谈过，他告诉我，如果他们能同更多客户发展一种长期咨询顾问关系，即便没有发展新的客户，他的企业销售额也能在未来 5 年内实现每年增长 40% 的目标。

在最新的报告中，HR Chally 集团采访了超过 2 500 位客户，收集他们对超过 4 000 位销售员的看法。调查发现，客户对销售员最大的要求是“对我们想达到的结果负责任”。当然客户还有一些额外的要求——类似于本书已经探讨过的，就像理解客户的业务、解决客户问题、设计合适的应用方案等一样，但如果你能对客户想要的结果负起责任来，所有的额外需求都能被实现，而这些，将成为你培养客户忠诚度所需的基本承诺。

售后至少应有的责任

你负责的范围将取决于公司处理售后支持和关系发展的组织架构。有 3 种典型的情况。

1. 销售员将实施支持工作转交给另外一个人或一个团队，但在实施结束后继续接手发展客户的责任。销售员仍对客户的满意度负责，但不会负责具体实施和培训工作，这时候他扮演“董事长”的角色，只是定期监督、指导。在方案得以实施时，销售员继续寻找其他销售机会，然后在实施后继续负责该客户，负责进一步发展客户关系。

2. 销售员将所有的责任交给客户经理。后者监督实施，并对客户满意度负责，并寻找其他机会来对客户关系做进一步发展。与此同时，成功发展该客户的销售员继续寻找其他销售机会。

3. 销售员继续承担客户售后服务的责任。销售员负责管理实施，继续为客户提供支持，并寻找机会发展深层次的关系。

不管你的公司采用哪种模式，有一点可以确定：你应该确保从售前到售后的过渡平稳进行。如果并非你本人提供售后支持和关系维护，那么把这本书交给负责的那个人。

起草实施方案

客户签署购买合同之后，他们马上有了两种期待。首先，他们希望看到你将你的团队和他们的团队整合在一起，作出一份详细的实施方案。其次，客户期待看到实施你的方案能够获得的价值。接下来的两章用“教师”“农夫”角色以这些期待为基础，为你详述实现客户价值所承担的责任。但在过渡阶段，你需要设计出一份实施计划草案。

“草案”一词在这非常关键，虽然客户希望看到你在设计执行方案时不遗余力，但只有他们参与设计方案之中，他们才会真正认可实施方案或可能的成果。另外，如果你带来一份草案，在此基础上与客户合作，它将让进程加速。

你的计划草案应该反映你在确定客户行为、期限和责任等理解客户业务方面所做的努力。在下一阶段中，你将同客户合作一起改善计划。

让客户风险最小化

在这之前的恐惧阶段，你的客户对可能实现的结果产生怀疑、担忧，虽然你有效地采用治疗专家角色，成功地处理了这些顾虑，使交易最终得以成交，但从客户的视角看，每个能感知到的风险都在某种程度上同不确定性联系在一起：“我们会达到预期结果吗？我的老板和其他人会对决定怎么想？”

客户关于风险和担忧所存在的不确定性没有解决前，他们将会时刻观察你和你的公司承诺过的一举一动，**现在你必须通过增加能实现的价值来为客户消除风险**，这将是你扮演的下一个角色——教师所要做的。

第十章　**教师**

「传授给客户达到价值最大化的秘诀」

在第一章中，我讲过自己和三位不同财务顾问会谈的过程，他们每个人都希望让我选择自己所在的投资咨询公司，每个人都非常擅长建立和谐关系，与之交流让我感到非常舒适，并让我感觉到他们对我的关心——这种感觉达到如此程度以至于我在下决定时“关系”竟不再成为影响因素，因为三个人看上去都非常和善。

我想当今多数客户面对的是同一情形。销售员对客户的关心几乎不再像过去一样被当成促使客户作出决定的重要因素，因为大多数销售员可以做到这一点（即便他们并非真心实意）。

但是，当面对将新客户转变为忠诚客户的命题时，关心仍是至关重要的因素。现在，客户开始意识到判断销售员是否关心自己要看他们在合同签字之后的表现，那时他们将了解到对于销售员来说最重要的是什么——客户还是佣金。

客户对销售员的期望阶段是销售员可以在销售过程中加以利用，是在关心客户上凸显自我的关键阶段。向客户提供强大、持续的售后支持是最为重要的事情,借此你可以与客户保持良好的关系从而带来回头客。

要达到以上目标的秘诀是与你的客户保持紧密的联系，不仅仅是在销售过程中，还要在销售之后。满头乱撞式的推销——结束一次销售后马上转去别的销售机会——该结束了。

要将你的销售潜力最大化，你必须努力去发展对你满意的忠实客户。通过确定并塑造客户的期望，你建立了客户衡量成功的标准。同时，你“冻结”了客户的期望，至少是暂时“冻结”，防止这些期望继续攀升。你为你自己和你的队友确定了一个为之奋斗的具体目标。

当你应用之前章节所论述的 6 种咨询角色时，你将在开发更多客户方面有上佳表现。本章和之后一章——教师和农夫——将教给你如何有效地维系客户。

客户阶段 7：期望

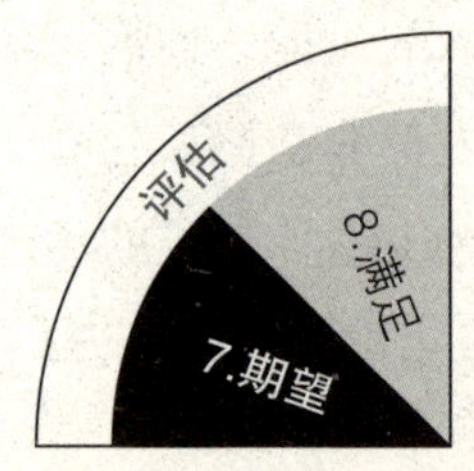

在购买的最后一个阶段，客户将注意力投向他们最近发生的那次购买给自己带来的价值上。那些期望没有达成的客户将产生不满，不愉快的客户往往记忆力不错，他们不会再选择你，而且将会把他们的不满告诉别人。这肯定不是你想看到的。

有一些不满的客户古怪而难于取悦，但大多数都是通情达理的。是什么让客户离你而去呢？感到未被重视、失望甚至背叛，客户的不愉快往往是被那些无视客户的期望的销售员造就的。

假设你负责销售广告位，你的客户希望在你的月刊上连续 12 期打出整页广告，希望能让他们的销售额至少增长 10%，这是一个现实的期望吗？如果 6 个月过去了，客户的销售额却没有增长，是否说明你的广告没有效果呢？当然不是，因为除了广告，还有其他很多影响销售的因素在你的控制之外。所以即便在广告推出期间，客户的销售额真的增长了 10%，你的客户又怎能确定这一增长应该归功于广告呢？事实是你的客户无法得知，而你也无从得知。

在售后阶段，客户经常会有一系列的期望，其中一些和你的产品或服务直接相关，还有一些则远远超乎你早先帮助客户确定的需求。你需要和客户谈谈他们的期望，这样你就会对他们对成功的定义有更好的理解。如果这些期望是现实的，你会对客户将如何评估自己有更具体的认识，但如果这些期望是不现实的，则需要你帮助客户降低期望，否则你就会为了那些超出你控制的期望而牺牲客户的满意度和忠诚度。

从学习曲线中学到的

回想一下你第一次学车的情景。我敢打赌，和我一样，在握方向盘之前你肯定觉得开车容易极了，对吧？用教育术语来说，我们属于**“无意识的无能”**——我们不知道我们并不懂得如何驾驶。唯一支配我们的情感是兴奋。

我最终意识到这点。那是父亲带我去当地中学的停车场，我终于有机会开他那辆五挡手动变速汽车。15分钟后，我已经让发动机熄火两次，空气中满是一股子刺激的离合器剧烈摩擦产生的烟味，爸爸朝着我大喊。我现在是**“有意识的无能”**——我真的知道自己不懂开车。我的自信和斗志急转直下，深深地感到受挫和愤怒。

接下来的6个月，每次在我开车时，父母或教练会坐在我身后。我16岁那年，来到机动车部门，参加第一次驾驶员考试。在那时，我是**“有意识的有能”**，我对驾驶了解更多了，在驾驶时精神高度集中。我为自己努力取得的进步感到兴奋：我再也不会让车熄火，可以顺利地从A地开到B地，而不会发生事故或者造成堵车。那时，我感到有了成就感。

最后，像每个人一样，我的驾驶技术达到炉火纯青，达到**“无意识的有能”**，能够一边开车一边聊天。

当你在安装新产品或是推出新服务的时候，你的客户也将遵循同样的学习曲线。他们沿学习曲线移动的速度取决于你的方案要求客户进行多大改变，以及你在教给他们使用你的产品和服务时的表现。如果你只是把方案丢给客户，客户就会困在有意识的无能阶段而停滞不前，带着对你、你的公司、你的产品和服务的深深失望而一去不返。

学习是一项艰辛的工作，变化以及需要更多时间来学习新东西所带来的挫折感是很常见的。**你扮演教师角色的目的是帮助你的客户穿过他们的学习曲线，更重要的是，穿过挫折感最强的有意识的无能阶段。**

你的客户的复杂性也影响着学习曲线的复杂程度。没有经验的客户更容易低估变革的困难,并常有不切实际的期望(常常是销售员造成的)。你必须对于所有客户保持谨慎。一方面，你不要说出一些会吓到他们，并给你造成销售损失的话；另一方面，你必须诚实地告知他们一旦产品或服务得以实施将会发生的事情（好的和坏的）。这就是为什么说售后的销售技巧非常重要，销售之后，你必须让方案充分发挥效果，这样客户的体验才会是正面积极的。

对你和你的客户来说，最大的障碍是消除惊喜和失望。成为一名教师，将使你做到：

- 帮助你的客户确定他们对方案的合理预期。
- 帮助他们设定现实的预期值。
- 确定衡量成功的标准。

小窍门：你需要教谁

对我们很多人来说,购买过程中的这一阶段带来另外一种变革：我们不再需要应对复杂购买团队成员（作出购买决定的人），而会和没有参与购买决策的一些新人打交道。虽然在购买团队内会有一些用户代表（重要用户），但更多是参与实施的普通用户（一般意义上的）。

最开始你不清楚用户对你方案的态度，如果实施方案意味着工作职责的重大改变甚至是丢掉饭碗，很显然他们会感到威胁。没有这些威胁时，他们将会非常希望能采取一些措施来解决他们每天面对的问题或挑战，你必须确定这些人的支持或抵制界限，搞清楚一旦你的方案得以实施，他们所认同的成功是什么。在制定最终实施方案时考虑这些因素。

简而言之，要想让你的方案达到成功，你不仅需要考虑买家的学习曲线，还要考虑使用产品或服务的那些人的体验，你必须向那些使用你的产品或服务的人说明给他们带来的好处，努力帮助他们迅速地穿过学习曲线。这是保证客户满意度的最佳渠道。

好老师如何指导客户：客户教育的4个步骤

想想那些你遇到过的好老师，我敢打赌他们都是在你的学习过程提供便利的。他们从不匆匆行事，他们帮助你找出属于你自己的答案，让你真正懂得学习的含义，而不会人云亦云。当你在经过以下阶段时，想想那些帮助你学习的好老师是怎么做的（图10–1）。

销售中扮演教师角色时，你的行动由4个步骤构成：

1. 设定现实的客户期望值。帮助客户准确确定他们努力实现的目标——一定是能达到的。
2. 完善提交给客户的实施草案。
3. 向客户展示如何使用你的产品或服务。
4. 评估过程测试。从客户那儿查明他们如何评估你的方案，所有成功的销售员都对客户达到的结果非常关心。

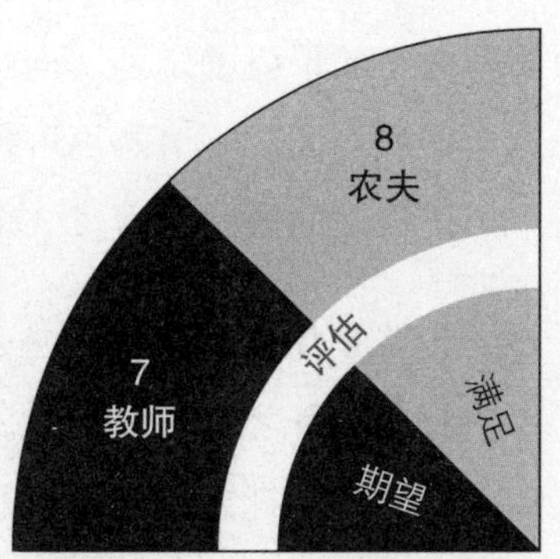

图10–1 期望阶段教师角色

步骤 1: 用魔力问题设定现实的客户期望值

如果你成功地扮演了之前的销售角色，你就会非常清楚客户想从你的方案中得到什么。很可能他们会因为你的方案很好地满足了他们的需求和购买标准而最后作出选择，购买标准现在参与客户期望之中。

但是，正如上文强调的，买家常常产生额外的期望，这些期望可能是潜意识的、无形的、模糊的、未经确定的，最糟糕的情况是期望是不现实的。

无形的期望不可被估测，结果将可能导致买家懊恼不已。这些肯定是你不想看到的，因为感到不愉快的客户不会成为回头客。

例如,一位客户可能会购买“客服中心管理”服务来“提升客户服务”，而且希望销售额可以增长 10%。需要客户和卖家明白的是：如果方案已经达到了承诺的效果，他们需要明白该如何判定客户服务得到改善（可能他们可以计算咨询应答与处理时间），并能在销售额与更好的客服中心管理关系的问题上取得一致见解。

如果你想保护给你带来收益的客户关系不致流失，你必须帮助客户对你方案的价值确定现实而且能看得见的指标。如果你没有这样做，你就会把成功同数不清的不可控因素联系在一起。

我喜欢的做法是通过 **3 个魔力问题**来设定现实、有形的期望值：

1. 你是如何评价方案是否成功的呢？

2. 6 个月之后，你是怎么知道这个方案是成功的？

3. 当你所期望的价值实现，会发生什么？

你得到的答案就是客户的价值期望，之后，以他们的答案为基础，确定他们想要的结果是否可能实现，如果可以，好极了，如果不能，你就该将模糊或不切实际的期望转变为具体而且切实的结果，就像你以建筑师角色帮助客户将无形的购买标准明确地表现出来一样。

你在提这些问题时遇到的障碍是让新客户告诉你，他们如何看待你的产品或服务是成功的。如果你在推销证券和金融服务，你的客户可能会答道："我的账户价值应该与标准普尔 500 指数持平或更高。"这一回答包含了客户的价值预期，而且告诉你他们将使用的可见价值指数。

步骤 2：同客户一起完善实施方案

还记得我在第九章所说的吗？你的实施计划草案目的在于为同客户协作制定更好的方案提供基础。完善草案过程开始于记下你和客户制定的期望，接下来看看你带来的草案该如何加以改善，来确保目标和期望能实现。合作完善方案的工作是重要的，因为你希望看到客户真正掌握执行方案，并能对方案的成功负起责任。如果你只是把方案强加于客户头上，就不会有这样的效果。

如果在实施方案时发现问题，你很可能不必到场就能解决问题。如果这个问题的产生是由于你的方案不完善，你会因为可能出现的延迟或其他问题受到批评；如果客户已经掌握了这个方案，而且在你的带领下制定出问题清单，那么客户将会自己解决问题。

步骤 3：示范，然后帮助客户学会实施方案

我最近刚刚买了一台很大的纯平电视机，安装者安装好后，花了 10 分钟时间给我演示这台不可思议的电视机可以做什么，然后他离开了。但当我想做同样的事情时，却没有成功。最后我又回到商场，走进展示厅，要求一位销售员为我示范如何使用刚买的电视机。销售员将遥控器交给我，然后逐一示范所有基本的功能。这下我回家的时候感觉自信多了。

最初的安装者犯了两个关键的错误：①他当时告诉我很多并不需要

了解的信息；②他只是给我展示电视机是如何工作的，并没有让我自己亲自操作。这种经历提醒我，要确保客户实际应用一下我所教的东西（从我从事的行业来说，需要在每次培训课上使用角色扮演，让参加者练习一下学到的技巧），我希望你也这么做。

当客户处于期望阶段时，我们的工作是确保他们达到“有意识的有能”。要达到这一目标：

- **不要在销售过程的每一阶段灌输太多。**首先关注客户最为紧迫的需求，给他们时间学习，然后进入下一阶段。这一过程中你需要放慢脚步。
- **制作操作说明书。**我从没见过客户（包括我自己）在使用产品或服务前会阅读整本说明书，部分原因归咎于大多数说明书对一般用户来说信息过多。帮助你的客户快速使用产品或服务，制订一份涵盖三个或四个客户最需要了解的问题的详细指南。给他们这张说明书，并在他们实践时留意观察。

步骤 4：评估过程测试

指导客户的第 4 步是根据他们对你几天或几周前提出的第一个魔力问题的回答（“你是如何评价方案是否成功的呢”），对客户实施过程进行评估。评估为你和客户提供了重要的反馈，帮助你掌握客户的情况，并指出客户需要你协助的领域。

测试的难易取决于你的销售过程的复杂性以及产品或服务的复杂性。对于销售成本较低物品的销售员来说，测试过程只需送货两周后打个电话即可轻松完成，但对于那些动辄上百万美元的方案来说，价值测试就要包括长达数月的跟踪、分析和报告。

不管你销售的是什么，获得对你方案价值的理解都是有百利而无一害的（对你的客户也是）。例如像之前提到的广告公司，它可以寻找反馈电话数量或是网络点击情况等与具体广告宣传相联系的评估模式。

一种有效的评估价值的方法是在方案实施几个月后，发送反馈信息和问卷调查，让你的客户评估方案中的各项内容，还要记录下他们已经学到的东西，以及仍然存在的问题或他们愿意得到帮助的事项。销售员经常会对客户实际使用到的产品或服务功能和那些客户没有用到的功能感到诧异。对如何让客户真正受益这一问题的理解能帮助你在同新的目标客户沟通时更有效果。

更好的途径是，同客户的项目实施主管坐到一起，一同制订实施后的问卷调查问题。通过这一方法，你就能确信评估结果对客户产生重要作用。通常情况下，项目主管将分发问卷、收集反馈信息、结果制表，然后向你报告，讨论下一阶段的工作。这是一种可以参与客户活动当中的好办法。

传授也让教师受益

如果你不能体观出你的价值，你就只能通过许以低价来做买卖。要想体观出价值，你需要懂得你的方案可以使客户受益多少，遵循以上 4 个步骤会帮助你将提供的价值进行量化。同样重要的是，它将为你提供 ROI（投资回报率）信息，让你取得同 ROI 权威（对投资回报最感兴趣的那个人）联系的机会。如果你没有对结果进行评估，你就不会有这个机会。

此外，懂得如何帮助客户实现并评估价值将帮助你：

- **寻找新的销售机会**。评估你的方案影响后，你就会发现客户需要得到满足的新需求。这些需求能引发进一步的销售，这时额外的购买需要客户作出更少的思考，因为你已经证明了自己。愉快的客户购买起来会更快。

• **发现“最佳做法”**。当你对价值进行评估后，你就会发现自己的产品和服务是如何被使用的，你会对一些买家从中取得的价值远高于其他用户而感到惊讶。一旦你确定“最佳做法”，你可以同其他客户进行分享，客户对产品的用法以及投资回报将会随之增加。

超越客户的期望值

成功的销售员关注点是相同的，那就是客户！如果你不能让客户满意，你也不会对自己的竞争地位满意。扮演教师角色时，你帮助你的客户实施方案并让其达到价值最大化，当你做的超越客户期望值时，你就能实现服务至上，也能为销售团队中其他人的成功作出贡献。

第十一章　农夫

「提高将客户从“满意”转变为“忠诚”的胜算」

很多年前，当我还是雷立公司的区域经理时，我们向两家医院出售并安装集中式录音系统。

在医院 A，安装进展得非常顺利，系统很快得以应用。没有任何问题，没有任何投诉。

但在医院 B，安装刚一结束我们就麻烦不断。由于使用频繁，软件的一个漏洞暴露出来，导致病人记录遗失，医生很失望，医院管理者非常生气。我们立刻采取所有办法进行补救，我们的技术人员和文职人员为了解决这一情况全部行动起来。最后我们成功了，问题得到解决。我们同医院 B 一起度过的艰难时光让我们的关系更加紧密，我的团队经受住了挑战。客户认识到了我们有多么关心他们。在接下来的时间里，我们同这家客户一直保持着密切交往。

但你一定会感到惊讶的是：在系统安装后没几年，“满意客户”医院 A 同我们联系，告知他们刚刚从我们的一家竞争对手那里购买了一套最新系统，而在这之前他们甚至对我们的最新产品根本未作了解。而医院 B，这家起初并不满意的客户，则在接下来的 15 年里一直是我们的忠诚客户。

很显然，我们对同医院 A 的关系过于自信。我们对提供给他们的东西非常满意，但他们却对我们的关心和支持并不看重，我们没有让他们感到受重视。**要记住，对你方案感到满意并不会自动转变成忠诚**。要想获得丰收，你必须像个农夫一样，对客户的满意持续地精耕细种。

本章将为你讲解如何提高将客户从“满意”转变为“忠诚”的胜算。

客户满意的关键

让客户满意的关键并不在于你提供什么，而在于你如何提供。售后服务、支持以及频繁的客户联络均为重要的要素。满足客户的最初期望还不够，他们还需要从你那里得到个人认可，需要你让他们感到受重视，希望看到你的关心。

小窍门：保持联系

在第四章中，我提到的 InsideView.com，在你的客户发生重大事件时就会提醒你。你可以利用这些事件来同目标客户沟通（电邮、手写便签、电话都可以）。

在客户购买过程中的第八个，同时也是最后一个阶段——**满足**中，扮演与之匹配的销售角色——农夫，你需要达到两个目标。

1. 确保客户已解决他们最紧迫的问题，或是已抓住稍纵即逝的机会。这是使他们对购买结果感到满意的一种途径。

2. 将满意转变为忠诚。不管你的客户是否期望同可靠的卖家建立合作关系，你的目标是将一位满意的客户转变为忠诚的客户，让他们可以毫不犹豫地再次购买，并把你推荐给其他人。

本章将从客户的视角观察满意和忠诚问题，另外还将描述从长远来看同客户保持联系的关键，为你讲解针对不同的客户应寻求建立何种关系。这些焦点问题在帮助你增加交易的同时增强客户的忠诚度。

客户阶段8：满足

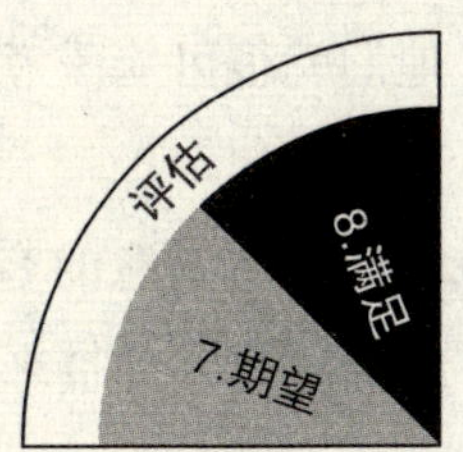

在满足阶段，客户的满意度取决于他们对下面4个问题的看法：

1. 我得到想要的结果了吗？
2. 产品和服务表现符合预期吗？
3. 价格合理吗？
4. 支持人员的态度让我感到受重视吗？

前3个问题反映了客户想从购买中得到的有形结果，最后一个就偏重主观，反映了你在售后支持上表现得怎么样。

如果客户对每个问题能得到肯定答案感到自信，你就实现了客户满意。但要注意的是：满意的客户不会一成不变。很多人对新车就满意那么几年，然后他们开始注意到路旁有着更好设计和性能的车型，或者他们的生活环境发生变化，现在的车显得过大或过小，或是车子在特定状况下表现不佳。

同样的情况会发生在你的客户身上，他们在销售完成后最直接的目标就是要从这次购买中得到满意产品和服务，但他们的满意度将会随着业务的改变而发生变化，有可能开始关注其他替代选择。如果你能同客户保持接触，及时掌握发生的变化，你就会发现额外的商机。

从客户的视角观察形势的变化，一旦最迫在眉睫的问题和机会得到解决或实现，他们会面临抉择：是否继续给你接近他们和他们公司的机会？选择的依据在于同你继续保持联系能否给他们增加价值。

假设你销售空气压缩机。你安装完产品并教给客户如何使用。你相信客户将需要更多的压缩机，所以你很自然地想和他们保持联系。客户对产品非常满意，但如果他们认为已经从该设备得到想要的一切，他们就不会有立即购买另一批设备的打算，也就会将你踢出局。但是如果你能通过为他们展示最有效的使用方法，教给他们持续降低损失的方法，他们就很可能乐意和你继续联系，这样你在获得将来的销售机会上会占有优势。

要将满意的客户转变为忠诚的客户，你需要经常问自己："我能持续为这位客户带来哪些价值？我是否正在帮助他们用不同方式思考？"

农夫如何培养客户忠诚度

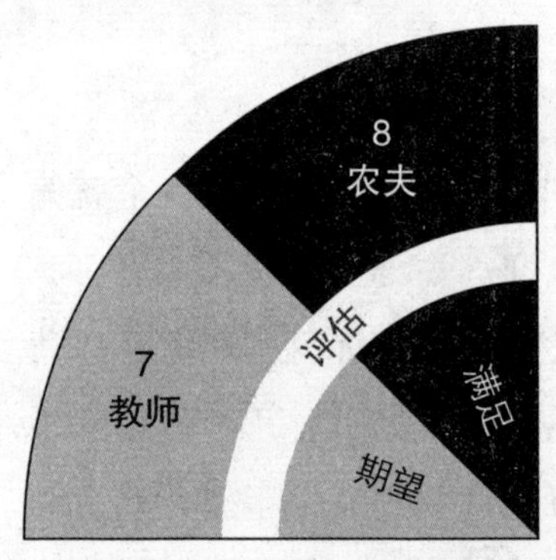

图 11–1 满足阶段农夫角色

达到让客户满意——对你方案的价格、表现以及服务满意——是与客户发展长期关系的先决条件，特别是对于那些你想把共同承诺和忠诚关系提升到更高层次上的客户。

因为客户的期望值总是在不断升高，你必须保持跟进来保证他们能一直满意。**销售员因为客户已经购买就自满，是让客户满意的最大威胁。**自满是销售员所感觉到的满足，但客户未必会这么想（图 11–1）。

对客户的持续关注和培养是我将这一阶段的销售员角色比作农夫的原因，也是为什么说忠诚可以用"培育"来达到。

真正的农夫必须学会应对不可预料的倾盆大雨、骤然冰冻、虫害侵扰等，你与之作战的害虫就是你饥肠辘辘的对手，你会发现他们围着你的重要客户打转。如果他们成功地感染了你的一位重要客户，他们将尽情享受双重成功——他们的巨大胜利与你的巨大失败。如果你想降伏这些害虫并牢牢地把握住重要客户，那就同你的客户保持一种长期联络吧。

销售的 4 个秘诀

要想和客户持续接近并不是件容易的事情，因为每个人都在越来越忙。客户需要用更少付出获得更多回报，繁忙的客户时间并不充裕，如果不是因为紧急业务需要与你会谈，他们可能会一直静默下去。他们不会一直把你挂在心上，渐渐疏远对客户而言是很容易的。

下面列出的 4 种简单行动，你可用来培育更高的客户满意度，让他们重复购买。

秘诀 1：培养关系

你最大的财富并不是客户公司，而是同从你那购买的那些人建立的私人关系。人们从他们喜欢的人那里购买，就像戴尔·卡耐基在他的经典作品《人性的弱点》中指出的那样，你得真正地对其他人发生兴趣。多微笑，做一个优秀的倾听者，鼓励其他人讲话，多说他们感兴趣的话题。

秘诀 2：进行定期客户回访

农夫们定期对土壤进行测试，确定将有害的细菌和真菌消灭在萌芽状态。你也该通过客户回访来测试客户对价值的理解，并及早发现不满的征兆。如果你仅仅因为客户没有投诉就认为他们是愉快的，那就大错特错了。不满的客户会另选他人而不会抗争到底，客户的问题未被发现或被忽略都会使对你有利可图的关系破坏殆尽。因为客户的期望在一直提升，仅仅一次的客户回访远远不够。

在回访时该问什么呢？为了对你付出取得的效果有整体认识，你该听听《终极问题：提升利润和真正增长》一书的作者费德列克·雷克海的建议。在调查客户忠诚度时，雷克海发现只有一个问题如果客户对其作出肯定回答，客户未来再次购买的可能性将会增加。这个问题是："你将我们推荐给同事或朋友的可能性有多大？"

你可以通过询问下列问题，发掘对未来销售和改进目前客户体验有帮助的信息：

- 你最喜欢我们提供的哪些服务？
- 你希望我们的服务做哪些提升？
- 有什么方法可以让我们更好地合作吗？
- 你的期望是什么？
- 上次会谈之后你的目标又有哪些变化？
- 要想帮助你达到这些目标，我们还能做些什么？
- 你为什么选择购买我们的产品和服务？

小窍门：让客户打分

想快速得到客户对你所做的事情的印象，你可以询问客户："如果从1~10分，10为最高，你能给我们的方案打多少分？"不管对方的回答是什么，继续问："如果要达到10分，你认为我们需要做什么？"

秘诀3：取得关于满意度的具体回答

将任何模糊的答复看作是早期预警信号，因为不满的客户会选择逃走而不是与你理论。投诉占用时间而且常被忽略，所以客户会想："为什么要费劲去投诉呢？"

客户常把他们的不满用一种不明确答复问题的方式隐藏起来，你可能在其他场合也做过同样的事情。假设你在某家餐厅用餐，虽然餐厅的饭菜价格不菲，但是服务不敢恭维。餐后，服务员询问："一切还好吗？"如果你选择避免卷入一场投诉争论当中，你会泛泛答道："还好。"只有对方问更多的问题寻找具体的答案，才会了解到你的真实想法——沙拉上得太迟，蔬菜煮得过久，肉是硬的。要想知道客户对你方案的真实想法，要通过细致的问题寻找具体答案。

秘诀4：更多销售，获得更大的客户依赖度

股票经纪人和银行清楚那些只有单一账户的用户较之有多个账户的用户更改服务商的可能性更大。客户从你那里购买的商品和服务越多，他们更改供应商的成本和难度就越大。例如银行，努力向你销售一系列的服务——支票、存款、信用卡、共有基金、网上银行等——部分原因就是你购买的服务越多，你更换银行带来的麻烦就越大。

同我共事过的销售员同样适用这一原则，他们需要通过提高客户对他们公司的依赖感来分散风险。只要额外的产品和服务能给客户增加利益，这一定律就会一直有效。通过实施多个方案来增加价值，你对客户的价值会不断增加——要么是因为你第二次所售出的产品和服务能同第一次售出的进行整合；要么是他们持续得到的关于自身需求和机会的知识帮助他们增加更多的价值。

三级客户关系

农夫们很快会懂得一分耕耘，一分收获，根据你的业务种类不同，你可以争取机会去发展更密切的关系来取得更大的成果，也可以只满足于将产品或服务销售出去而止步不前。如图11–2所示，你与客户的关系分为3个层次：

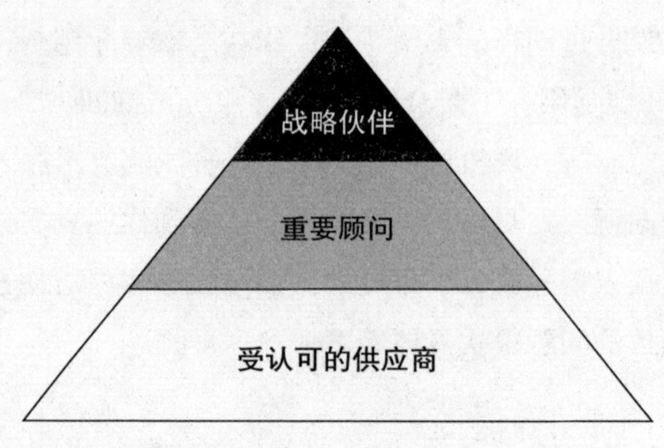

图 11–2　客户—供应商关系层次

- **受认可的供应商**。作为一位得到认可的供应商，当客户意识到未来有某些需要时，他们会把你当作一个可靠的选择。在这一级的关系上，客户抱着单一的目的同你联系：取得具体的产品或者服务，客户的动机是功利主义、是事件推动型的。一旦购买完成后，客户的决策者将转向下一个事务。

- **重要顾问**。作为一位重要顾问，你被客户视作为值得信赖的人，提供种种咨询建议。当客户需要产生时，你关于潜在方案的专业意见备受客户的重视和认可。你明白客户的业务过程和他们的偏好（许多是你之前确定的购买标准）；你明白你的方案目前是如何与客户的业务相互衔接的。

- **战略伙伴**。作为一名战略伙伴，你所做的远不止理解客户的需求，你将抢先他们一步。你为你的客户激发新的想法，帮助他们用新颖而不同的方式更早地预见未来。你努力持续不断地让你的方案价值增大，让客户意识到同你合作，他们将会获得你的方案所带来的持续改善成果。这对发展战略伙伴关系的客户而言是个极大的回报——**你卖给他们的方案会变得越来越好**。战略伙伴间的客户忠诚度是最高的。

对于销售员来说，处理这些类型的关系将产生两个重要的结果。第一个结果是，如图 11–3 所示，你得到可以借此攀爬公司阶梯的通道。如果你能同管理层的某个人发展关系，你也就很可能被视为战略伙伴；反之

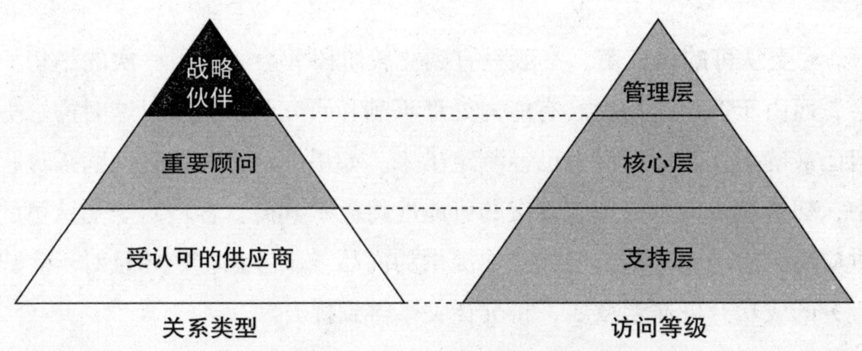

图 11–3　不同类型供应商的访问等级

亦然，如果你成为一位战略伙伴，你也就可能取得与管理层在更大范围上的联系）。如果你是在解决一个操作问题，你将可能只访问核心层。而如果客户将你的方案视为一种商品，那么价格和协议等唯一要考虑的问题只需要在支持层解决。

即便你同管理层或者核心层做成第一笔生意，在你解决他们迫切的需求之后，客户仍会想将你移到下一层次上（甚至更低层次），下移将会让你能得到机会的可能性大大降低，你能影响客户确定需求和购买标准的能力也将同时减弱。因此为尽可能同高层保持接触而努力付出是值得的。

第二个结果是，不同类型的供应商将被带入购买过程的不同阶段中来，如图 11–4 所示。

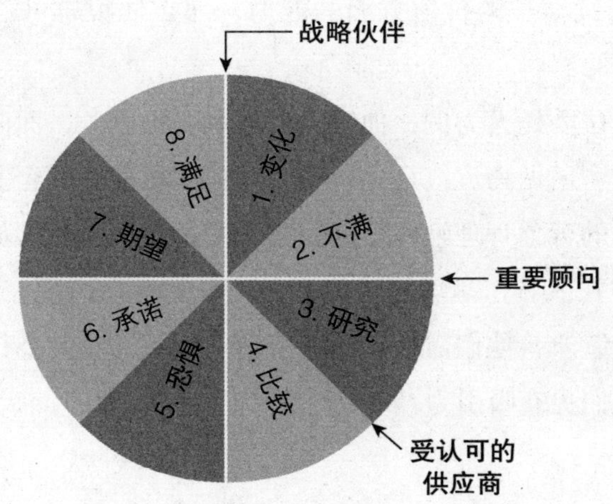

图 11–4　供应商获悉销售机会的时间

- **受认可的供应商**。一般只有到比较阶段才会听说下一次的销售机会，而由于客户认为自己有能力处理不满和研究阶段，所以这时需求一般已被确定，购买标准也已经制定出来。如果你这么晚才进入购买过程中，塑造客户需求和理想方案的可能性将微乎其微。客户对于受认可的供应商的忠诚度不高，但如果你提供的商品或服务独特，并且对于客户业务的成功开展非常重要，将会让关系得到提升。

- **重要顾问**。经常在研究阶段才能参与进来，这时需求已经确定，客户常借助重要顾问来判断想法的可行性。一般而言，你在此时首先要做的应该是倒退回去，重新检查客户的不满以及需求。客户对于重要顾问的忠诚度处于中等强度，正如前文所提到的，通过评估客户利用你的方案所能达到的价值，并同关键客户分享你的成果，可以增强他们的忠诚度。

- **战略伙伴**。将出现在一开始的变化阶段，他们会较客户更早发现需求，在变化和不满阶段确定客户需求和购买规模。通过为客户展示整个需求和方案选择的战略影响，他们往往能获得一份大的订单。

你属于哪种关系类型的选择权在客户。你可以影响客户的选择，但最终仍由他们决定你进入的阶段。如果客户需求强度较高，而又认同你在提供持续增长的价值方面的能力，那么你很有可能成为一名战略伙伴。

拿我的一位委托人为例，他销售外包供应链服务，面向的企业主要是那些不愿意自己做物流或是外包物流对他们更有利的企业。该委托人使用一种复杂的劳务管理软件帮助为客户提供仓储服务的员工提高生产力。将我的委托人看作是增加价值型供应商的客户们现在经常会发现，委托人具有持续改善他们需求状况的潜能，因此同我的委托人保持战略伙伴关系对他们更有吸引力。

发展战略伙伴的时机和方法

你不可能同所有大客户发展成为战略伙伴关系，那将会非常耗时。下面是关于是否该决定发展战略伙伴关系的一些指导方针。

我要给你的最重要的建议是，不要急于推动发展与客户的关系。当销售员没有完全证明自己可以成为“重要顾问”之前，急切地向客户表达成为“战略伙伴”的愿望，就好比初次约会就想同对方结婚。**不要告知客户你想成为伙伴，最好的方式是表现得像个伙伴**，不要将它表达成努力实现的以自我为中心的目标。

设想一下相反的情形，如果客户在早期告知你他们想同你合作，他们的真实含义恐怕是要求你给他们折扣，对吧？

如果你确定到了发展合作关系的合适时机，想想柏拉图定律是怎么说的，你将从 20% 的客户那里获得 80% 的销售额。这位你想与之合作的客户会是在 20% 之内吗？如果不是，他们就可能不太值得你去努力。

柏拉图定律的另一个用途是将 80/20 规则应用到收益率而不是销售收入上。是哪些 20% 的客户给你带来 80% 的利润？一些公司认为带来大宗销售收入的客户需要给予更多的关注，或是大幅降价，最后导致从对方那里获得的利润反而很微薄。

除去销售额和盈利潜力，还有一些其他需要考虑的因素：

- 你能为客户持续提供的额外价值。他们是否需要而且重视你的能力？
- 他们的企业文化是否能欣赏而且信任外部专家？努力与一名万事通成为伙伴是不值得的。
- 额外的销售机会的数量。
- 你能接近管理层决策者而且保持接触吗？

战略伙伴关系计划

为了帮你制订培养战略伙伴关系的计划，先要考虑你的销售团队同客户的购买、实施团队的匹配情况，如表 11–1 所示。

表 11–1　战略伙伴关系设计

客户团队 销售团队	管理层（首席执行官或执行副总裁）	部门经理/副总裁	功能部门经理	整合者/技术专家
执行负责人/市场或销售副总裁	×			
地区销售经理		×	×	
客户经理	×	×	×	×
实施支持人员（IT、技术等）			×	×
客服总监			×	

• × 表示两者需匹配。

假设你推销一款财务软件，该软件用来增加并改善账目收支功能。你可以这样进行关系构建：

- 让你这边的高管同对方高管层联系。在这个例子中，你方的销售副总裁需要同客户方的首席财务官联系。
- 你的地区销售经理负责同客户的财务经理保持沟通。
- 你的客户经理，按照定义，需要同每个人维护关系。因此当销售副总裁同首席财务官见面时，客户经理要一同前往；地区销售经理同财务经理会谈时，客户经理也要同时参会；而且还要同账户收支经理保持直接的联系。

- 如果客户对软件兼容性表示担忧，你需要派出有着深厚技术功底的员工作为一线技术支持，同客户公司的功能部门经理和技术专家进行联络。

这些安排能帮助你设计出同客户联系的计划。再没有比因某个问题让所有人一拥而上联系一个人更有损你形象的了——不仅浪费对方的时间（还有你的），而且会让你的组织看起来缺乏合作。

获得更多推荐

如果你造就了一位满意、忠诚的客户，你可以依靠他去获得更多的业务。

对很多销售员来说，努力获得推荐的结果常常让人沮丧，收效甚微，客户推荐质量要么不高，要么根本没有。其实，很多销售员低估请求推荐的风险——它意味着你将客户的信誉度置于危险当中，另外的问题是，客户可能并不知道自己朋友的具体需求。

要取得更多推荐的第一步是**在合适的时间提出要求**。传统营销技巧多是教给销售员要在销售结束时提出推荐请求，但那样可就太早了。这是另一种形式的销售过快。你的新客户还没有实现价值，而你却在他们最需要你的这一关键时刻，要求他们朝另一个方向为你送行（转向另一位客户销售）。这样做最好的结果是你的要求被忽略掉，而最坏的，则可能会让你辛辛苦苦建立的信任受损。**要在价值得以实现后提出推荐请求**。帮助你的客户通过阶段 7（期望阶段），确保在请求推荐前他们的需求得到满足。

第二步，你需要用恰当的方式提出请求。在赢得销售后，马上同新客户建立稳固的联系，关注他们的业务活动。当客户的价值期望得以实现后，你可以请求客户把你推荐给与他们有联系的具体某个人。你可以这样说："某某先生，我注意到你和 XYZ 公司的鲍伯有联系，能找机会把我引荐一下吗？"

第三步，**请求客户对常见问题进行评价**。列出你最常听到的三个异议，考虑一下你的哪些用户解决了这些问题，然后努力得到一封客户描述这些问题如何得到解决的感谢信。你的目标是能得到一封内容是你的产品和服务具体满足客户特定用途的感谢信，而不是简单地称赞表扬。具体说明要比泛泛而谈更让人信服，细节描述会让表扬变得真实可信。具体的感谢信更有说服力的原因在于：客户能说明他们起初的担忧或异议是什么；是什么帮助他们克服这些担忧和异议；是什么帮助他们达到目前满意的结果。

小窍门：让对方把好评写下来

当客户对你或你的公司作出积极评价时，你可以答复："谢谢你能这么说，你可以把这些话用邮件发给我吗？"（一定要告诉客户，你在与其他人分享这些信息时，会把他们的邮箱地址去掉）

最后的角色：首席满足官

留住客户是扩大业务的首要原则，你是你的企业的"首席满足官"，你必须用尽浑身解数来留住客户。让客户满意并保持忠诚的最好办法是让他们成长。就像四季轮回对于农夫，你所扮演的农夫角色也是一样，要想让客户成长，需要沿着销售轮盘继续前进回到开始的地方：学生和医生角色（见图 11-5）。研究正在影响客户的变化，分析诊断这些变化给客户所带来的问题。如果你一直寻找为客户增加价值的渠道，你就会造就更多满意的客户。首席满足官从不考虑“客户维护”，他们考虑的是“客户发展”。

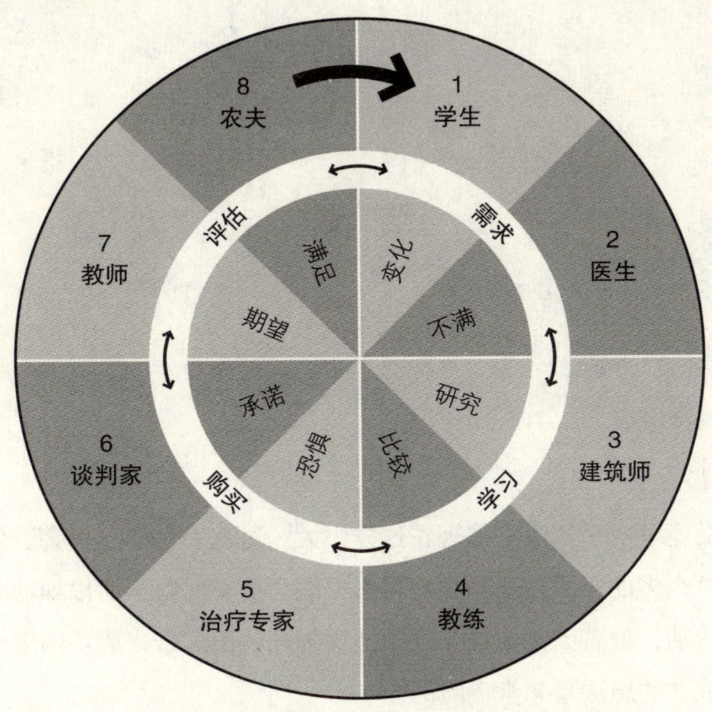

图 11–5　销售的循环

结　语

你的竞争对手从没有像现在这样强大、迅速、贪婪、机警，你也从没面对这么多的对手，而且客户将来可能会更有威胁，所以即便今天的你非常成功，但若因此就认为简单地重复那些给你带来成功的事情就可以保持成功的想法是非常危险的。

这就是采用 8 种角色阐明我的销售理念的重要原因。通过遵循本书介绍的计划，你就会发现无数可以使你销售更有效果，并能使你同对手区别开来的机会。你需要做的是持续稳固地完成下列事项：

- 了解目标客户的业务。(**学生**)
- 探究目标客户的潜在需求，以及这些需求的特征和优先顺序。(**医生**)
- 设计理想方案——给目标客户带来最多的积极成果。(**建筑师**)
- 沟通传达为什么你的方案是每位决策者的最佳选择。(**教练**)
- 消除客户的焦虑和担忧。(**治疗专家**)
- 获得双赢承诺。(**谈判家**)
- 帮助客户取得价值最大化。(**教师**)

• 让满意的客户对你和你的公司保持忠诚。**（农夫）**

同时交织在上述事项中的是，你必须懂得购买决策是如何作出的，复杂购买团队中的成员都有谁，每位决策者的个人兴趣和需求是什么。

当你能越来越熟练地使用之前章节提供的技巧时，你就会发现自己能够一次次地读懂客户的想法，开始认识到你过去销售过快所犯的错误。

那些使用这一方法的销售员告诉我，他们在帮助客户更有效地购买的同时也让客户获得了更高的满意度，他们能够更好地服务客户的购买过程。他们现在意识到自己可以通过销售的方式来区别自己，而不是通过销售的内容。他们认识到了购买决定前在客户身上花费更长时间的价值，它将使关系更稳固，最终取得更大的销售业绩并提高客户忠诚度。

让那些匆匆结束每次销售会谈，错过更有效销售机会的日子成为过去吧，这是我的使命，你现在是否也让它成为你的呢？

第三部分
导演 8 种销售角色

第十二章　成功的指导让销售成功

「给销售经理以及为他们工作的人的建议」

最近在一次销售管理领袖研讨会上，一家财富500强企业雇佣我来检查他们对销售经理岗位的描述。他们岗位职责中85%的内容是同指导销售人员有直接关联的。多年以来，我曾检查过许多销售经理岗位描述，这是其中较好的一份。

接下来我同许多销售经理进行面对面会谈，发现他们花在指导销售员上的时间不到5%。这么低！换句话说，销售经理将他们工作时间的95%放在工作职责中的15%的部分上。为什么呢？

- 销售经理每天花费3小时来答复约150封邮件，但事实上没有1封来自他们的销售团队。然后是文山会海、处理突发情况。需要销售经理处理的“紧急情况”没完没了。
- 这些销售经理大多因为他们的个人业绩而被提拔上来，但却缺乏发展优秀销售团队的管理培训经验。所以他们最擅长做的事情是继续销售，但这却无助于发展他们的团队。

在会谈过程中，我还同一位地区销售副总裁交流了一下，他比销售经理要高一级。我问他对于实现销售额增长有什么意见，他的回答是："让我的销售员尽可能多地去跑业务。"我顺水推舟道："为什么不把这套理论用在你的销售经理身上呢？让他们也多去'实地'提供指导。"

在本章中，我将分享在购买中心型销售过程中指导销售人员的重要技巧和工具。我将首先围绕不同类型的销售指导，探讨其中的核心问题，然后就如何围绕重要节点和对购买中心型销售过程中的具体角色进行指导提出建议。

小窍门：销售员该如何利用这一章的知识

我所了解到的优秀销售员无不以开放的心态善于从他人那里学习，但是他们也会自己指导自己并受益匪浅。他们在打每一个电话前认真思考，在之后认真反思：哪些事情进展正常，哪些事情该试试其他方式。虽然这一章主要面向销售经理，但销售员也可以利用给出的技巧和建议来进行自我训练，帮助自己提高销售技巧。

指导些什么

有两种类型的销售指导：行为管理和发展指导，前者是指通过每月或每季度一对一的会谈，回顾每个销售员的销售成果并评价他们的行为。后者是指发展销售员进行销售的能力和意愿。

简而言之，行为管理主要关注过去；发展指导则着眼未来。有效的指导行为既包括行为管理，也包含发展指导。

问题在于销售经理要面对很多分散精力的事情，首先受到影响的是发展指导。对我们来说，每一次季度销售回顾更多地成为创造性书面练习，我们没有观察过销售员如何销售，或是在节点处进行干预，所以当销售员只完成 75% 的任务量时，我们并不确定原因是什么。如果我们所做的唯一一种指导只是评价，销售员就不会视它为指导——他们会把它看作批评。相反，如果你能帮助销售员仔细思考他们该如何赢得销售，并发展他们的购买中心型销售技巧，你的干预将被视作发展指导。

小窍门：指导不过是有效销售管理的组成部分之一

缺少时间和知识来提高发展指导技巧仅仅是销售经理今天面临的挑战之一。这里列出我所观察到的销售经理存在的10个最常见的问题：

1. 不能从“超级销售员”模式调整到管理者角色上来。
2. 一直忙于“灭火”。
3. 任凭员工自生自灭。
4. 忽视行为标准的重要性或对拙劣的表现视而不见。
5. 不能平衡团队内部主要成员的力量和资源。
6. 在团队中业绩最差的20%的人那里花费太多时间。
7. 放任高级销售员陷入毫无创意的常规工作之中。
8. 招聘过程中的标准前后矛盾。
9. 认为销售代表像自己一样可以自己发现问题。
10. 在低产销售员那里耽搁太久。

谈话并不是指导

我想你肯定会听说过这句销售格言：“谈话并不是销售”，其实谈话也不是指导。荀子曾精辟地表达过类似的观点：“不闻不若闻之，闻之不若见之，见之不若知之，知之不若行之。学至于行之而止矣。”（语出《荀子·儒效》）看来他肯定和销售经理谈过。

只有销售代表的行为方式发生改变，学习才会产生效果。确定你的指导是否起作用的最好办法是观察销售人员同客户电话交流的情景。或者至少你该参与角色扮演当中，当员工练习他的技巧时充当客户角色，这将帮助你判断他们同客户交流的水平。

如何提高你的销售指导水平

当你准备开始增强销售指导技巧时，下面的一些重要指导要点供你参考。

要点1：提早进入销售过程

有很多的销售经理太晚才进入销售过程之中，而且甚至那时他们也没有对销售员进行指导，他们只是试图凭一己之力去赢得销售。他们本该另有作为的，因为在那时客户已经确定了需求并且组织起理想方案的轮廓。此外，销售经理直接同客户联系会削弱销售员的可信度，会让客户认为应该凡事找经理。

对于销售员来说，要想提高销量只有3种途径：发现更多机会；增加将机会转化为销售的成功率；提高每个机会的销售额。对于客户来说，购买数量已经在购买过程之初确定好了，而不是在末期。如果你能提供更多的指导，你就能帮助销售员们销售更多、数额更大。

记得在一次面向拥有不同职位和经验（包括一位新雇员）销售员的培训会上，一开始，我问所有人他们希望学到什么。那位新雇员说道："我希望学会如何处理反对意见。"我回答他："你最该学的是如何开展业务，因为如果你不能掌握这一技能，你就不知道你该处理哪些反对意见。"我们也该按照同样的思路去考虑一下指导工作。

"好的开始是成功的一半"绝对适用于销售经理这个职业，要把更多的时间花在学生、医生、建筑师角色上，同时减少谈判阶段的时间投入。

要点2：关注重点问题

销售经理在培训时经常犯的错误就是交给员工一份他们需要改进的地方的详细清单，我们大部分人在某一时间只有能力改善其中的一两点。你肯定不想吓到销售员，因为这样做会伤害他们的自信心。

相反，你应该学会如何为每位销售员挑选其中的极少数重要事项，让他们加以改进。几年前，我从《高产出管理》一书（作者是英特尔公司前CEO安迪·格鲁夫）中学得一项非常重要的分析行为问题的技巧。格鲁夫建议我们写下关于每位雇员的好的和坏的方面，然后从中找到其属于哪种类型。通过这一方法，就可以产生每位销售员具有的优势和发展需求的清单，然后从全局观察，在所列的这些项目中**提取问题主线**。

例如，假设一位代表的优势是能努力开展大量业务活动，但不足则包括会谈主导性差及销售成功比率较低。这些问题的共通点是什么呢？给你一些提示：考虑将大量的业务活动看作是这位代表预约能力不足的预警。如果按照这种思路，我至少可以整理出4条可能的主线：

- 这位销售代表没有询问第二层、第三层的分析诊断问题。如果是这样的话，原因是什么？
- 这位销售代表花费太多的时间用来讲解产品和服务强大的功能，而没有把注意力放在客户深层次的需求、问题以及方案标准上。
- 这位销售员缺乏同高管以发人深省的方式进行沟通的自信。
- 这位销售员缺乏基本的业务水平，不能围绕实施、战略、表现等问题与客户接触。

你需要询问更多的问题，必要时可以观察销售员的实际做法来确定哪些问题才是根本肇因。这样会远比指出问题更有收获，只**指导表面问题**而不注意暗藏的根源对销售员来说弊大于利。对行为问题的具体分析意味着寻找主线，然后做一些逻辑推理的工作，思考以下问题：

- 是否是技巧性问题？如果是，传授其技巧。
- 是否属于意愿或动机问题？如果是，帮助销售员认识到他们需要提高的原因。
- 是否在与管理层打交道时存在自信问题？如果是，鼓励并指导销售员自信。让他们参加培训项目来提高业务能力，使他们可以同高管团队的成员沟通。

要点3：放慢指导速度让销售员学得更快

这一场景肯定不会让你感到吃惊：多数销售经理的指导进行得过快，在指导培训时，并没有帮助销售员找到他们自己问题的答案，常常忽视他们想要告诉销售经理的事情，而会在结束谈话之前直接跳到对问题的分析、描述环节，放慢指导速度可以帮助你的销售员学得更快！

放慢速度来让你更好地分析每位销售员存在的主要问题，其方式之一是利用医生角色章节所给出的询问方法。医生询问的目的是帮助客户理解他们问题的实质和影响，这样他们能更好地判断最需要哪种方案。在同你的销售代表沟通时也应遵循这一原则：他们在销售技巧上存在问题，但又经常无法认识到问题的原因，以及对客户和销售成功可能性所带来的影响。所以，当你进行指导讨论时，像医生一样去思考，对问题的原因做更好的理解，不要关注于表征。做到这些，只需要3个简单的步骤。

步骤1：确定现状和问题表征

- 目标客户的现状如何？
- 他们处于购买过程中的哪一环节？你是怎么判断出来的？
- 问一些同具体阶段有关的问题，例如，如果销售员认为客户处于学习阶段，你可以问："他们必不可少和可有可无的标准各是什么？"

步骤2：分析原因

- 如果你同意销售员的分析，继续。如果不同意，深入分析销售员不能准确掌握现状的原因，是因为缺乏知识还是技巧？或者是意愿上的问题？

- 使用安迪·格鲁夫的办法：列出优势和不足，寻找销售员对这些优势和不足的共通模式。

步骤3：确定备选方案和下一阶段计划

- 采取至少一种行动来提高销售机会。
- 采取至少一种行动来发展和改善销售员的技能。

从关键点获得更大价值

除去上文所述的一般发展指导外，本书所确定的几个关键点可供你作为固定指导时间点。关键点指导要以销售员对促进客户购买过程的理解作为基础。

你的角色是检查销售员的工作，询问他在关键点处应该知道的一些问题。如果销售员不能回答这些问题，或者给出的答案并不具体，这说明销售员没有向客户问对问题。在这种情况下，问销售员们如何才能得到现在没有回答出来的问题的答案，以及他们如何才能下次在关键点之前的阶段做得更好。如果销售员能回答这些问题，你要确保他们更有说服力地表达出他们的见解（用信函、备忘录、销售展示等方式）。

下面的具体问题可以在每个关键点一对一会谈中重点提出。

指导关键点1：争取更多的初次预约

在我销售生涯的早期，我曾经历过一段电话预约成功率下滑的时期，不管之前在获得预约上多么成功，突然之间我的日程表空空荡荡，我不能取得任何预约。我越是努力扭转，局面就越是糟糕。这时我的销售经理旁听了几个电话，马上指出我所犯的错误：我没有提出足够多的预约请求。在之前的第四章，我曾对电话营销总结出一套“CPA”模式：礼貌—问题—行动。我在礼貌和问题方面表现不错，但却忘记要求对方采取行动。在我的销售经理指出问题之后，我改正了这个错误，日程表上开始填满各种预约。

我知道该如何执行任务，之前的工作也曾很有效果，但当我遭遇预约下滑时，却不能诊断出自己的问题。作为一名销售培训者，帮助销售员记起他们已知的经验是你所能起到的至关重要的作用。

如果你的某个销售员正在为取得预约而苦苦挣扎，极有可能是他忘记了一些已经了解到的东西。再看一遍关键点 1 的内容，开展业务并不是一件非常艰难的事。同销售员一起去观察、评估并帮助他们作出他们应该作出的改变。

根据我的经验，没有比听真实的业务电话录音更好的电话技巧指导方法了。这个方法之所以有效的一个原因是你不需要在他们打电话时坐在旁边，特别是不会碰到很多电话不会被应答的情况，你能用不到 20 分钟听 10 个业务电话。另一个有效的原因是你不仅可以听到销售员的问题，还可以听见对象客户如何应答。

一定要联系你公司的人力资源部门，弄清在你的公司对销售业务录音是否合法。虽然美国联邦法律规定只需要一方同意即可，但许多州采取不尽相同的法律。

指导关键点 2：用备忘录管理行动

有关备忘录的指导毫无疑问是购买过程中最重要的指导关键点。如果销售员第一次与客户见面，无法回答有关客户需求的关键问题，那就没有任何理由和这位代表一起发展销售展示技巧。

以下是一份备忘录要具备的 5 个重要方面。

- 它是以客户角度写成的，而不是满是你公司的行话吗？不能让它看上去像你的宣传册。

- 清楚地确定客户的问题和机会了吗？是否解释了问题出现的原因或客户正面临哪些机会？
- 如果客户不采取措施，他确定将会带来的连锁反应和损失了吗？
- 是否简短、言简意赅，而不会显得冗长？
- 它包含针对客户进行下一步骤的一项具体承诺吗？

指导关键点3：精确打击的方案和展示

你可以利用下面的清单来评估并帮助销售员改善展示或方案。

- 它传达出我们所有的独特优势了吗？
- 它可以将我们同对手区别开吗？
- 它是否包含适合参与购买决策的所有主要决策者的信息？
- 它是否言简意赅地描述客户的需求和具体清晰的购买标准？
- 它包括对投资理由的描述吗？
- 它是否包含有用的图片？
- 它是否有能吸引客户注意力的开场白？
- 它是否以一个其他公司的详细实施方案作为结尾？

指导关键点4：从售前向售后过渡

在很多公司，销售完成之后的第一个动作是将客户从销售员向客户经理或实施支持小组转手。作为销售经理，你责无旁贷地需要确保交接顺利进行，你肯定不想在这个阶段出现差错。

如果你负责监督过渡过程或实施的第一阶段，首要关注的是实施计划草案。尽管草案不过是同客户一起合作努力的起点，但你可以通过下面的建议来让它变得尽可能有说服力。

- 确保方案中确定了一位你方的项目经理。
- 询问销售员对与客户方项目经理在合作中遇到的挑战有何想法?
- 检查销售员对客户预期的看法。利用你的经验来判断这些预期是否现实而且可实现。如果答案是否定的，要求销售员在同客户方项目经理会谈时，为调整这些预期向对方解释计划。
- 让销售员描述是否会有未参与购买决策的人出现在实施当中，如果有，他们的关注点和需求是什么?
- 确定谁需要同原购买团队的所有成员（例如权力掮客、超级用户等）建立和保持联系。
- 询问销售员对与评估价值的战略是否能提出看法。

对销售角色的指导

我已经注意到销售过程节点处的指导产生了很大影响，因此这是需要你集中时间和注意力关注的第一个重点地方。但同时，在从传统销售行为向本书所写的客户中心型战略转换过程中，你的销售员们可能需要得到帮助。在一对一会谈中使用学习型购买过程理论来改善销售员与客户对问题的理解。给销售员一份购买进程轮盘示意图，问问他们：“参加购买的都有谁，他们位于购买过程的哪一步骤上？”

小窍门：在每次联络后获得继续下一步骤的承诺

整本书中我曾提到的销售员常犯的一个错误出现在取得继续下一步骤的承诺上（客户承诺采取的具体行为）。作为一名指导者，你需要从销售员那里得到客户已经采取的行动信息。最为重要的不是你的销售员处于销售过程中的何处，而是客户处于购买过程中何处。客户已经采取的行动能告诉你他们现在所在的位置。

销售员在销售过程的每一阶段会遇到的其他常见问题以及你能提供的指导在表 12–1 有详细介绍。

表 12–1　销售角色指导意见

角　色	问　题	销售管理者能提供的指导帮助
学生	销售员不乐于接近管理层或管理层决策者	选择一位目标客户，让销售员制作一份用于同管理层业务联系的 CPA 说明。同他们一起检查并演练
	销售员不能很好地在电话中处理意见	他们是否已经能对常见的异议进行回应了呢？同他们一起模拟演练一下，直到他们可以熟练地处理这些异议
医生	销售员不确定要去找出哪些潜在问题	销售员是否制定了一份你的公司所提供的潜在方案清单？是否列出对象客户可能会遇到并导致他们考虑选择你的方案的问题？销售员是否已经围绕这些潜在事项形成有关问题
	销售员没有向客户提出正确的诊断性问题	对照备忘录的结构向销售员提出问题，例如："我们能解决这位客户的两个问题是什么？每个问题的起因是什么？如果客户不作改变，会产生哪些连锁反应和损失？"如果销售员对某些问题不能回答，他该在下次会谈时问问客户
建筑师	销售员不能表达出对象客户的必不可少标准	销售员是否已将公司优势与购买标准一一对应列出清单。检查这一清单并建议进行必要的修订。该清单可以针对某一具体用户，也可在需要时针对整个公司
教练	销售员对一次重要的销售展示毫无准备	询问销售员以下问题：你对客户的购买标准的理解是什么？其中哪些代表着我们的竞争优势？哪些是我们的竞争劣势？谁处的位置更有利，你还是对手？你能做什么来影响客户的购买标准，以便让他们看到他们的需求同我们的方案达到更好的契合？客户选择我们购买的三个原因是什么（找到公司的每一优势同客户一项具体需求的关联）

（续表）

角　色	问　题	销售管理者能提供的指导帮助
治疗专家	销售员对客户不可避免的恐惧阶段束手无策	你的销售员是否已列出客户所经历的典型性顾虑。问问销售员："你能采取什么行动或提供什么信息来减弱这些恐惧感？"
谈判家	销售员对谈判的准备不充分	销售员是否已对每个谈判项目制定浮动范围。还要让他们思考谈判中可能存在的价值高、损失小的让步，而不能一味降价
教师	销售员没有同客户建立评估方案的标准	销售员是否已经列出方案将给客户带来的潜在好处？与此同时，他是否列出可观察并评估这些好处的方法
农夫	销售员没有进行客户评价或者进行得并不充分	安排销售员参与观摩另一位工作出色的销售员所做的客户评价

发展销售员的复杂销售技能

另一横跨整个销售过程的指导领域是确保你的销售员在一直发展他们应对复杂购买团队的技巧。表 12–2 给出其中的一些例子。

表 12–2　典型问题与复杂销售技巧

表　征	行　动
销售员在一位决策者身上花费了太多时间	确保销售员理解同多位决策者接触的重要性 询问了解他们的 3×3 业务发展计划（第五章） 询问销售员将计划如何让第二位和第三位决策者参与进来

（续表）

表　征	行　动
销售员屡次遇到守门员的阻碍	一旦守门员被安排出来，不要让销售员围着他打转。同销售员一起配合，使这个问题在将来的销售机会中不再出现 首先，一起同销售员制定更多的规划工作。帮助他列出守门员可能回答不了的问题，然后利用角色扮演教给销售员该如何要求守门员把自己推荐给能回答这些问题的人
销售员不能接近 ROI 权威或权力掮客	销售员可能没能及早取得销售机会，这可能是个业务开展的问题。如果销售机会来自客户的主动联系，那说明销售员进入购买过程比较晚，那时 ROI 权威已经退居幕后，而将整个过程交给他人代理。权力掮客可能会听取其他一些人的意见

你的任务：创建一支优秀销售团队

作为销售经理，你的任务并非是去参与所有的销售，而是发展一支优秀、高效的销售团队，指导销售员在帮助客户购买上表现越来越好。要做到这些，你需要在整个销售过程中关注发展指导，而不仅应局限在销售末期（结束销售），那时你能给的干预就显得太少、太晚了。对 8 种销售角色有效应用的及早关注，将使你从一位杰出销售员过渡成为创建一支优秀销售团队的领袖。

现在，带头前进吧！